CLAIRE KOHDA

CRONACHE DELLA MIA FAME

Traduzione di Bianca Rita Cataldi

HarperCollins

ISBN 979-12-5985-273-1

Titolo originale dell'edizione in lingua inglese:
Woman, Eating
First published in 2022 by Virago Press
an imprint of Little, Brown Book Group, London, UK

Traduzione di Bianca Rita Cataldi

La citazione in esergo è tratta da
Lafcadio Hearn, *Ululati*, in *Nel Giappone spettrale*,
traduzione e cura di Stefano Lorenzin, Alphaville Edizioni Digitali, 2013
Per gentile concessione dell'Editore.

Prima edizione HarperCollins
settembre 2023

FSC
www.fsc.org

MISTO
Carta da fonti gestite
in maniera responsabile
FSC® C005461

Questo libro è prodotto con carta FSC certificata e da fonti controllate con un sistema
di controllo di parte terza indipendente per garantire una gestione forestale responsabile.

Per BC e T, per noi.

Tutta la vita, per sostenersi, deve divorare la vita.
Lafcadio Hearn, *Ululati*

PARTE 1

1

Il tipo mandato da Kora è in piedi fuori dall'edificio, al sole. Ho letto online che questo posto, un tempo, era una fabbrica di biscotti.

«Ehi» mi si rivolge. Agita una mano in segno di saluto.

Mi imbarazza percorrere questi ultimi metri, dato che ormai mi ha visto e sta lì a guardarmi mentre mi avvicino. Sembra passare molto tempo tra l'"ehi" del ragazzo e il momento in cui effettivamente lo raggiungo.

«Ehi» dico.

«Lydia?»

«Lyd.»

«Va bene, ehi Lyd. Dunque, io sono Ben. Stai cercando...» Abbassa gli occhi sul foglio che ha in mano. «L'A14.»

«Sì» confermo.

«Lo sai che non c'è molta luce, vero?» Alza lo sguardo.

«Voglio dire, se vuoi, posso mostrarti uno dei monolocali con il lucernario e tutto il resto.»

«No, va bene.»

Ben solleva un sopracciglio. «Fotografa?»

«Artista performativa.»

«Davvero?» Sembra sorpreso. Mi capita spesso. Passo sempre per timida. «Va bene.»

Ben apre la porta dell'edificio. È un grande ingresso di metallo con davanti un cancello di ferro che si deve aprire per primo. Usa quattro chiavi per entrare.

«Piuttosto sicuro» afferma Ben. «È un bel vantaggio per le donne che lavorano qui. In pratica, puoi restare fino a tardi e con ogni probabilità ti sentirai protetta.»

Guardo in alto. Le finestre non iniziano prima del secondo piano. Sarebbe difficile raggiungerle anche con una scala.

«Sì, be'...» Ben segue la direzione del mio sguardo, «... non ci sono finestre al piano terra e al primo perché i biscotti che producevano qui erano ricoperti di cioccolato.»

«Oh» commento.

«Sì, è interessante, vero?» La porta si apre con un certo clangore. «Un intero stabile sostanzialmente progettato intorno al fatto che il cioccolato si scioglie alla luce del sole.»

«Mmm.» L'edificio è molto alto. I primi due piani sembrano far parte delle fondamenta.

Si crea un momento di imbarazzo, mentre entriamo. Entrambi facciamo cenno all'altro di passare per primo, e poi ci urtiamo provando a varcare la soglia allo stesso tempo.

«Allora, da dove vieni?» mi chiede Ben intanto che percorriamo un corridoio buio.

Mi fermo. Anche questo mi capita spesso. «Be', dall'Inghilterra. Ma mio padre era giapponese e mia madre è per metà malese.»

Si gira. «Oh mio Dio, merda, no, scusa, voglio dire da dove arrivi *oggi*? Cioè, vivi a Londra?»

«Oh, sì» mento. «Vivo proprio qui vicino, a Kennington.» In realtà non vivo a Kennington. Ho solo visto di recente il nome della fermata sulla mappa della metropolitana.

«Bello!» esclama. «È piuttosto carino lì, vero?»

Annuisco.

Ben apre una porta con una targhetta con scritto A14. Entro nella stanza. È abbastanza piccola, ma sarà sufficiente. Da un lato ci sono un lavandino e un bancone con un microonde sopra e un piccolo frigorifero sotto.

«L'affitto di questo monolocale costa meno di quelli con le finestre. Sono duecentocinquantacinque sterline al mese, con Kora che sovvenziona il resto come parte del programma per i giovani artisti.» Ben sta guardando uno dei fogli che ha in mano. «Le bollette sono a parte, ma non costano tanto. Si paga il ventotto di ogni mese. Posso lasciarti questo, se decidi di prendere la stanza.» Mi porge il foglio per mostrarmelo. «Ci trovi anche una mappa, le uscite di sicurezza, tutta quella roba lì.»

«Le luci si possono abbassare?» chiedo, e Ben annuisce. Vado all'interruttore e faccio una prova. Le luci perdono d'intensità fino quasi a spegnersi. Le lascio al loro livello più basso e, per un momento, sembra che la stanza sia fatta solo di ombre. Poi, la mia vista si adatta e riesco a scorgere tutto. Ben strizza gli occhi nella mia direzione, l'espressione leggermente corrucciata.

«Mi piace» annuncio.

«Okay, fantastico! La prendi?»

«Sì.»

«Allora sediamoci un attimo con i contratti. Dunque, dovremmo...» Mi rendo conto che si aspetta che io riaccenda le luci. «Va bene» replico, ma non muovo un passo verso l'interruttore. Mi avvicino al tavolo e mi siedo nella penombra, sperando che mi segua. Lui lo fa. Inciampa un po' nei suoi stessi piedi mentre si dirige verso di me. La gente, penso tra me e me, ha una visione notturna davvero pessima. Si accomoda.

Stende le carte sul tavolo, poi alza lo sguardo verso di me. Sotto questa luce i suoi lineamenti sembrano dolci, mentre all'esterno mi era parso un po' più spigoloso. Osservo le sue guance, che sono paffute e sfumate di rosa.

Deve essere piuttosto giovane. È carino. Gli sorrido. Ben posa una mano sull'altra e poi dice: «Ti dispiacerebbe se io...» e indica la luce sopra le nostre teste. Fa per alzarsi.

«In realtà, ti dispiacerebbe se la lasciassimo così e basta?» domando. «Ho mal di testa» aggiungo.

«Oh... sì, sì, certo. Ho dell'ibuprofene, se vuoi.» Si allunga verso la sua borsa, accanto a lui sul pavimento. È una bella sacca da ciclista.

Scuoto la testa. «Nessun problema. Sto bene. Magari ho solo fame.» E mentre pronuncio la parola "fame", il mio stomaco brontola. Mi muovo sulla sedia per mascherare il suono, ma è piuttosto accentuato e rimbomba nella stanza vuota. Mi sento in imbarazzo. Ben finge di non aver sentito, il che peggiora le cose.

«Ehm, dunque... In realtà così non riesco a vedere i moduli» ammette. Ride e solleva lo sguardo. «Ma ho messo delle croci dove devi firmare.» Abbassa il capo sul tavolo e strizza gli occhi. «Uhm. Eccone una.»

Fa scivolare un foglio e una penna sul tavolo verso di me, il pollice tenuto saldamente a metà della pagina dove devo firmare. Riesco a scorgere la croce; la vedo in modo piuttosto chiaro, in pennarello nero all'estremità di una linea tratteggiata, ma non glielo dico. Invece, prendo la penna, poi percepisco dove si trova la sua mano sulla carta e la uso come guida. Sento il suo pollice con la punta delle dita. È molto caldo. Non so da dove sia venuta questa decisione improvvisa di flirtare con lui. Suppongo che in questa stanza, in una luce molto fioca, mi senta piuttosto potente. Gli uomini, credo, sono incerti nel silenzio e molto più sicuri quando c'è il rumore del traffico e di altre persone intorno. E questa stanza è completamente immersa nella quiete. Firmo sulla linea tratteggiata.

«E dove altro?» chiedo. Lui fa scorrere le dita su un'altra pagina, il suo pollice di nuovo lì a guidarmi.

«Va bene, quindi, ehm... In pratica, quello che hai appena firmato comprende, sai, tutte le solite cose.»

«Sì» replico.

«Non puoi dormire qui, dare feste, niente inaugurazioni, niente raduni con più di cinque persone, tipo. Niente fiamme vive, ovviamente. Niente cose come sostanze chimiche pericolose, tipo.» Ride. Sembra nervoso.

«Va bene, ho letto tutto online.»

«Scusa» risponde Ben. «Forse avrei dovuto darti tutte queste informazioni prima delle firme, no?»

Non ribatto niente. I suoi occhi sono spalancati. «Okay» dice, e inizia a raccogliere i fogli dal tavolo. «Quando vuoi ritirare le chiavi?»

«Adesso? Sposterò le mie cose oggi.»

«Oggi? Wow, sì. Piuttosto in fretta. Non avrò il tempo di pulire bene lo studio, ma va bene così, no?» Si fruga nella tasca della camicia ed estrae la chiave della stanza, e anche altre quattro per la porta e il cancello d'ingresso.

«Va bene. Domani comincerò uno stage, quindi voglio trasferirmi prima di allora.»

«Che bello. Dove? È un posto che conosco?»

«L'OTA.»

«Ma dài!» esclama Ben. «*La Lontra?* Molto bello. C'è un'altra ragazza qui che ci è stata come stagista qualche tempo fa. Probabilmente la incontrerai. Si chiama Shakti.» Mi porge le chiavi. Nella penombra, non vede bene dov'è la mia mano e mette la sua nella mia insieme alle chiavi. «Oops» dice. Vedo che sta arrossendo.

Sorrido. «Grazie.»

«Dove hai detto di vivere, a Kennington? Da qualche parte vicino alla City and Guilds?» chiede mentre si rimette la borsa sulla schiena.

«Sì» rispondo. Ricordo vagamente dove si trova la scuola d'arte City and Guilds. E mi ci vedo a vivere da quelle parti. Immagino ci siano delle alte case a schiera in quella zona, magari. «In uno studio condiviso» aggiungo.

«Oh, giusto, con degli artisti?»

Ora mi sto proprio inventando una vita seduta stante. «No, una coppia che lavora nel mondo della musica e un ragazzo che al momento lavora nel campo della vendita al dettaglio, ma... vuole entrare nel cinema.»

«Oh, buona fortuna a lui. Ho un'amica che ci lavora, è una scenografa. Posso metterlo in contatto con lei, se vuole.»

«Magari, sì.»

Ben inizia a dirigersi con cautela verso la porta. Mi fa piacere sapere che, mentre lui fatica ad attraversare la stanza con questa luce, io potrei facilmente infilare un filo nella cruna di un ago. Potrei far sedere Ben e realizzarne un ritratto dettagliato. Mentre cammino dietro di lui, studio i peli fini che gli crescono dietro il collo, la pelle d'oca e il colorito rosa chiaro. Prima di raggiungere la porta, si gira.

«Ehm, allora.» Si schiarisce la gola. «Allora, io sono di sopra. Col mio studio, intendo. Sono due livelli sopra il tuo, al primo piano con le finestre. Non c'è nessuno sopra di te, quindi siamo praticamente vicini di casa.»

«Oh, giusto» commento. «Sei un artista.»

«Sì, ma faccio tutta questa roba per Kora, sai, le visite agli studi e cose del genere, e gestisco l'edificio, così ho il mio studio gratis. In ogni modo, se vuoi fare un salto per salutare, sono al C14. E se non sono lì, mi trovi spesso al Posto.»

«Il Posto?»

«Sì. Il Posto è la zona giorno in comune e i monolocali sono Lo Spazio. È così che li chiamiamo.» Ben sorride. Vedo che lo trova divertente, forse un po' imbarazzante. «Lo so, è un po' un cliché» aggiunge. «Doveva essere, tipo, "Gli studi sono... il tuo Spazio", no? E il Posto è, come dire...» fa le virgolette con le dita e sfodera una voce da narratore in uno spot televisivo, «"il posto dove stare".» Ride e poi sbuffa. Mi fa tenerezza.

Appoggia la mano sulla maniglia della porta. Le carte che ho appena firmato sono nascoste sotto il suo braccio. «Dunque, dovrei...» inizia. In un certo senso, vorrei seguirlo. C'è qualcosa, nello stare con lui, che trovo confortante, anche se l'ho appena incontrato. Lo avverto come estremamente umano. Il suo sorriso è dolce, così come la sua agitazione. La sua pelle è soda, tesa sul corpo come quella di un bambino, cosa che trovo deliziosa. È ricoperto da piccole lentiggini.

«A meno che non ti vada di pranzare insieme?»

Sento il cuore sprofondare. Nello stesso momento, il mio stomaco brontola di nuovo.

«Magari faccio giusto un salto a prendere una di quelle piadine-falafel all'avocado» spiega.

«Sì, no...» rispondo, dicendo sì e no al contempo, come faccio sempre quando voglio dire di no a qualcuno senza sembrare troppo dura, «non posso.»

«Oh, okay.» Sembra un po' deluso. Immagino si aspettasse un sì, dopo aver sentito il mio stomaco brontolare.

«Mi spiace.»

«Nah, va bene. Vuoi un caffè o qualcos'altro?»

Scuoto il capo. «Sono a posto, grazie.»

«Okay, be'...» Fa per aprire la porta. «Il mio numero è su quel foglietto che ti ho lasciato sul tavolo.»

«Okay.»

«Spero che il mal di testa ti passi presto» aggiunge, e apre la porta – facendo entrare per un attimo un'enorme quantità di luce abbagliante –, scivola fuori e scompare lungo il corridoio.

Mi sdraio sul pavimento. È puro cemento con niente sopra. Nessuna moquette o tappeto o altro. Il freddo è piacevole contro la mia schiena.

Le luci sono ancora basse. Mi sento più a mio agio nel buio. Non è che le lampade di questo posto possano bruciarmi; è solo che a volte la troppa luce è opprimente, specie dopo una giornata piena di cose che non sono abituata a fare – riempire pacchi, trasferirmi, viaggiare. Sono troppi input, il che è doloroso per il cervello, non necessariamente per la pelle. Comunque, la luce del sole sì che brucia. Non come si vede nei film e nei programmi tv; non emetto fumo, non sfrigolo, non prendo fuoco. Piuttosto, la mia pelle brucia come se non avesse alcun pigmento, come se fossi senza melanina, completamente e perfettamente bianca.

Mi giro su un fianco. Da qui, riesco a vedere il lavandino, il frigorifero e il microonde. Non mangio dall'ora di colazione, in parte perché sono stata così impegnata.

Sono uscita da casa di mamma alle sette e mezzo. Ho fatto il giro di tutte le stanze un'ultima volta per assicurarmi che non fosse rimasto nulla. Il Crimson Orchard raccomanda che i residenti abbiano quanti più effetti personali possibile – foto, libri, persino mobili, qualsiasi oggetto di natura privata – nelle loro stanze, perché le cose del passato, a cui già sono associati dei ricordi, incoraggiano la formazione di nuove memorie, a quanto pare. Ma è andata a finire che mamma aveva comunque troppa roba. Aveva accumulato oggetti che sarebbero potuti bastare per due vite, tutti stipati nella nostra piccola casa con due camere da letto. E alcuni di questi oggetti erano davvero pezzi di antiquariato. Un antico paio di forbici a molla è stato acquistato da un museo locale, quando l'ho messo in vendita su Facebook. Uno dei miei vecchi compagni di scuola, che lavora al museo, aveva visto il mio post e parlato con il curatore per capire quanto potesse offrire, e si è scoperto che potevano raggiungere una discreta cifra: abbastanza per pagare un paio di mesi di affitto del mio monolocale.

Ieri ho lasciato mamma al Crimson Orchard, così ho potuto finire di mettere in ordine quel che restava. Non so come si sentirebbe se sapesse di essere stata buttata fuori dalla sua casa, se potesse vedere le stanze vuote e scoprire che qualcun altro le prenderà in affitto e si trasferirà presto lì. Lo staff del Crimson Orchard le sta dicendo che resterà solo in via temporanea e che, tra non molto, tornerà a casa. Le hanno permesso di tenere le chiavi della porta d'ingresso, che ha stretto in mano finché non sono andata via. Ma ben presto, se anche dovesse tornare, troverebbe le serrature già cambiate.

«Lyds» ha detto mia madre mentre stavo uscendo. Sembrava fuori posto nella sua nuova stanza, che era stata arredata pensando a qualcuno tra gli ottanta e i novant'anni. La mamma, negli ultimi due secoli, si è assestata sulla quarantina. Ha ancora i capelli neri, con appena qualche striatura grigia qua e là. I suoi occhi continuano a essere luminosi.

«Mamma, torno tra un paio di minuti» ho risposto, come mi aveva detto il dottore.

«Julie, non preoccuparti» l'ha rassicurata lui. «Lydia sta andando a prendere una tazza di tè e qualcosa da mangiare.» Ma, naturalmente, quella era la cosa sbagliata da dire, e gli occhi di mia madre si sono spalancati fino a diventare così grandi da distorcere il resto del viso, spingendole le sopracciglia in alto sulla fronte. «Te ne stai andando! Stai abbandonando tua madre!» ha preso a gemere, terrorizzata come un bambino lasciato all'asilo per la prima volta.

«No, no, mamma, non è così.» Ho allungato un braccio per accarezzarle la testa, ma lei si è girata e ha cercato di mordermi, quindi ho allontanato la mano in fretta. «Il dottore ha frainteso. Non sto andando a mangiare fuori, ho solo bisogno di un pisolino.»

«VIENI QUI» ha gridato mamma, indicando il bagno adiacente alla sua stanza.

Mi sono fermata. «Io...»

«Non preoccuparti, Julie. Tornerà tra un momento, te lo prometto» l'ha rassicurata il dottore.

«Lyds, Lyds» ha sussurrato mia madre, ignorando il medico e afferrandomi il top, attirandomi più vicino a sé. «Lyds, mi odi, vero? Tu mi odi. Lyds... per favore...»

«Mamma.»

«Lyds» ha detto e, per un momento, il suo volto si è fatto preoccupato. «Non ce la farai senza di me. Non sei come loro.» Ma io mi sono liberata dalla sua presa, e la sua espressione ha acquisito di nuovo una nota simile al dispiacere. «Per favore... Perché mi odi così tanto... *Per favore.*» Le lacrime le scorrevano sul viso. Ma era difficile capire cosa fosse vero e cosa no, con mamma, persino le lacrime.

«*Mamma*» sono sbottata, liberandomi del tutto. Mi sono spostata verso la porta per andarmene. «Cazzo, torno subito, okay?» ho detto, sentendomi immediatamente in colpa per aver perso la pazienza. Ho chiuso la porta, oltre la quale potevo sentire mia madre gridare e singhiozzare: «Mi odiii, tu mi odiii... Lydia! Ho fatto di tutto per *te*; ogni cosa era per *te*. Mi ammazzerò! Lo farò! Posso farlo. *Lo farò!*».

Ho percorso il corridoio, ignorando ciò che stava dicendo il dottore al mio fianco – qualcosa a proposito del cibo e del peso e dell'igiene personale. Fuori, il sole era particolarmente forte, ma volevo uscire. Lì dentro, mi sentivo strana, come se la mia pelle stesse bruciando, quasi il senso di colpa fosse un fuoco che si stava diffondendo dentro il mio corpo.

«Okay» ho detto al dottore una volta all'esterno, e mi sono sorpresa perché mi tremava la voce. «È stato un piacere conoscerla.»

«Anche per me. Resteremo in contatto, magari per il prossimo paio di giorni, ma qui abbiamo la regola, come sono sicuro le sia stato detto, di non lasciare che i residenti parlino con la famiglia o gli amici nella prima settimana. Se dovesse avere bisogno di qualcosa, però, ha il nostro numero.»

Ho allungato la mano per stringere quella del dottore.

«Caspita!» ha esclamato lui. «Ha le mani fredde.»

Ho sospirato. Non avevo voglia di pensare a una scusa, perciò alla fine ho annuito, d'accordo con lui come se avesse espresso un'opinione su qualcosa, piuttosto che un dato di fatto. «Già, è vero» ho replicato. «Grazie.»

Il dottore ha chinato la testa con fare comprensivo. E poi, mentre mi voltavo per dirigermi verso il cancello, ha detto: «Va bene, allora...». Mi aspettavo che aggiungesse qualcos'altro prima che fossi troppo lontana per sentirlo, quindi ho rallentato, ma lui è rimasto in silenzio. Ha semplicemente lasciato l'"allora" sospeso nell'aria ed è rientrato nell'edificio.

Sono tornata a casa di mia madre subito dopo. Mi sono coperta di crema solare e ho camminato all'ombra il più possibile, ma il naso e la parte superiore della fronte si sono comunque bruciati. A casa, ho spalmato del balsamo per bambini sulle parti di pelle arrossate. Ho spazzato i pavimenti e passato l'aspirapolvere, sollevando dai tappeti la polvere che si era accumulata per tutto il tempo in cui avevamo vissuto lì. Il nostro Dna, forse anche un po' di quello di papà, quando era ancora vivo. Mi sono portata al naso un ciuffo – scaglie di pelle e capelli mescolati con la lanugine della moquette e gli insetti morti – e, prima di buttarlo nel cestino, ne ho respirato l'odore, pensando così di poter entrare in contatto con mio padre, in qualche modo. Ho pulito anche il lavandino, macchiato da anni di uso.

Ho tirato fuori il sacco a pelo nel soggiorno. Restare al piano di sopra sarebbe stato un po' troppo inquietante. Sebbene sia stato papà a morire qui dentro, era la presenza di mia madre che potevo percepire in quel piano, come se ogni momento trascorso con lei si fosse trasformato in un fantasma a sé che perseguitava la sua camera da letto. Mi sono messa a sedere sul sacco a pelo e ho poggiato la testa all'indietro sul divano, che era vecchio quanto la casa. Di recente, ho letto un post su Facebook sui rituali legati ai traslochi. Diceva che trasferirti lontano da un luogo in cui hai vissuto per molto tempo può lasciarti ogni sorta di bagaglio spirituale, se non te ne vai nel modo giusto. Il post includeva le foto di una donna con lunghi capelli biondi in abiti larghi che benediceva ogni stanza, gettava sale sui tappeti e faceva una sorta di "rituale della luna piena" per il nuovo inizio. Non riuscivo a immaginare niente di simile in questa casa. Sentivo che era ormai andata oltre i nuovi inizi. Ho lasciato scivolare la testa via dai cuscini del divano e sono atterrata con un tonfo sul pavimento.

Ho finito il mio ultimo secchio di sangue di maiale preso dal macellaio e anche quello di mamma, leggermente scaldato e accompagnato da un bicchiere di vino per creare un'atmosfera celebrativa; avevo versato con cura un altro secchio nelle fiaschette e le avevo riposte nel frigorifero di mamma a Crimson Orchard, insieme ad alcuni alimenti umani - formaggio, pasti per il microonde, latte, involtini di salsiccia, verdure - che erano lì per ingannare le apparenze. Seduta da sola al tavolo della cucina dove, per anni e anni - per tutta la vita - avevo mangiato con mia madre, avevo bevuto il sangue rimasto in casa. Non mi era permesso mangiare al piano di sopra, perché il sangue avrebbe macchiato i tappeti se ne avessi versato un po', o almeno così diceva lei, ma penso che la vera ragione fosse che non le piaceva mangiare da sola.

Prima di cena, dicevamo sempre una preghiera. Il nostro era un tavolino bianco degli anni Cinquanta, con le gambe in metallo. Io mi sedevo a un'estremità e mia madre all'altra. Le nostre braccia si allungavano e si incontravano al centro. Le dita si intrecciavano in modo che le mani unite fossero sollevate e i polsi premessero sul ripiano. La mamma aspettava che chiudessi gli occhi, poi li chiudeva anche lei e recitava una preghiera. Non era diretta a un dio, come si vede quando la gente ringrazia per il cibo nei film e nei programmi tv. Una volta, quando le avevo chiesto perché la nostra preghiera fosse diversa – avevo circa sei anni e stavo imparando a scuola ciò che riguardava Dio e la Natività – lei mi aveva guardato con impazienza.

«Lydia» aveva detto, usando il mio nome completo, cosa che faceva solo quando era irritata. «Pensi che Dio nutrirebbe mai un corpo come il tuo?»

Avevo timidamente scosso la testa, ma non avevo capito davvero. Mia madre aveva continuato: «È qualcos'altro che ci dà da mangiare, non Dio. Dio non aiuterebbe un demone a sopravvivere, ed è questo ciò che siamo, Lyds. Siamo esseri innaturali, disgustosi e brutti. Guardaci; siamo fatte solo di peccato».

Mamma allora aveva allungato una mano sul tavolo per stringere le mie. «Ma va bene così» aveva continuato, «perché noi siamo uguali, quindi possiamo contare l'una sull'altra.» E poi aveva recitato la nostra preghiera, la versione che ci si addiceva, che non era rivolta a nessun essere superiore ma soltanto ai maiali di cui bevevamo il sangue.

Sono rimasta sveglia tutta la notte. La casa, quand'ero piccola, era sempre stata ingombra, piena di cose che non andavano mai buttate via – posta, documenti, mucchi di stracci e vecchi vestiti – anche prima che mia madre vendesse tutto per pagare l'affitto, comprese le opere d'arte di mio padre. I pezzi che aveva lasciato, incorniciati come se fossero pronti per essere appesi in una galleria, erano stati invece appoggiati alle pareti della camera da letto della mamma, con il retro delle tele rivolto verso la stanza come se i dipinti fossero in realtà suoi ritratti che lei non sopportava più di guardare. Ora, tutto ciò è sparito. Ricordo a malapena le opere di mio padre, a parte i pochi pezzi visibili online. Ieri notte, ho avvertito il vuoto della casa come se fosse una presenza. L'ho sentito giudicarmi per aver venduto tutte le cose di mia madre, per essere andata avanti con la mia vita e aver lasciato lei in una casa di riposo.

Al mattino, ho impacchettato i miei effetti personali: il sacco a pelo, il portatile, alcuni libri d'arte, altri sugli animali che in passato avevo letto per cercare di trovare somiglianze tra me e altre specie, alcuni libri di cucina e manuali sulla raccolta del cibo selvatico; i miei vestiti; la mia tazza preferita; alcuni vecchi quaderni di schizzi – il tutto infilato in una grande valigia e nel mio zaino. Ho aperto il frigorifero ma non c'era niente, a parte l'estremità tozza di una salsiccia di sanguinaccio avvolta nella pellicola trasparente, che era lì Dio sa da quanto tempo, tenuta come scorta di emergenza per quando rimanevamo senza sangue o la macelleria era chiusa. L'ho fatta a pezzetti e li ho portati nel palmo della mano, come se volessi offrire delle molliche agli uccelli, mentre giravo per la casa un'ultima volta. Uno per uno, ho preso i pezzi e me li sono infilati in bocca. Il sanguinaccio aveva un cattivo sapore, soprattutto così freddo di frigo. E il mio corpo non poteva ricavare granché dall'uovo e dall'avena e dal pepe che erano stati mescolati al sangue per fare la salsiccia, quindi ho dovuto sputarne la maggior parte. Ma era una forma di sostentamento, sufficiente per tirarmi su. Poi, me ne sono andata.

Così, adesso, sono piuttosto affamata. Accade spesso, suppongo. Magari è pigrizia, o qualcos'altro. Sono sdraiata sul fianco nel mio nuovo monolocale, senza la mia roba, fatta eccezione per ciò che è nello zaino, e sento lo stomaco brontolare finché non ho così tanta fame che quello smette persino di avere l'energia per farlo.

Non so di cosa si tratti. Non è che non abbia amor proprio, come sono sicura che ipotizzerebbe uno psicologo. Più che altro, so che posso sopravvivere per anni senza mangiare, e spingere il mio corpo nella vaga direzione dei suoi limiti mi dà una certa soddisfazione, mi fa sentire più viva di quanto non sia mai stata. So di persone che corrono per qualcosa come ottanta o cento chilometri attraverso la campagna – e non solo quella pianeggiante del Kent, ma anche quella collinare nei pressi di Sheffield – soltanto per provare la stessa sensazione. È come se, poiché stanno spingendo i loro corpi verso i limiti più estremi, potessero avvertire la propria mortalità. Cioè, arrivano fino allo stremo di ciò che significa essere vivi, e guardano dall'alto in basso verso l'enorme e incommensurabile vuoto sottostante, provando gioia perché non sono in quel vuoto, ma al di sopra. Ecco cosa significa essere vivi. Ma di norma la gente non vede oltre il limite e non si fa testimone del contrasto tra il tutto della vita e il nulla della morte, quindi non sente o non capisce, come invece fanno quei corridori, che la vita è esaltante.

So che per me è un po' diverso. Né il vuoto né la scogliera che lo sovrasta mi sembrano uguali a quelli delle persone normali. Il vuoto, per me, ha delle cose dentro, quindi non è più un vuoto; e la scogliera è avvolta da una foschia nera e smisurata. Tuttavia, mi piace spingere il mio corpo verso i suoi limiti. O meglio, mi piace fingere che il mio corpo *abbia* dei limiti. Mi piace sentire il dolore della fame e immaginare che il passo successivo a quel dolore sia la morte. È fastidioso, però, perché quella sensazione di essere allo stremo è sempre fuori dalla mia portata. Potrei stare qui, sul pavimento dello studio A14, nei locali della fabbrica di biscotti Kora, per diversi giorni, anche diverse settimane, mesi, anni, qualunque cosa, e sarei comunque in grado di tirarmi su almeno in parte e strisciare verso una fonte di nutrimento, mangiare e riprendermi del tutto; e, se anche fossi davvero debole, così debole da non potermi alzare e muovere, rimarrei comunque in vita, semplicemente sdraiata lì, in coma, per anni e anni e anni, in un corpo che si rifiuta di morire almeno finché il sole non verrà a inghiottire la terra.

Tiro un po' le cuticole intorno a una delle unghie e stringo il dito in modo che il sangue formi una piccola perlina. Lo succhio finché non smette di uscire. Poi mi alzo.

Mi godo le vertigini. Vado barcollando verso la mia borsa, la apro e tiro fuori gli ultimi due pezzi di sanguinaccio di stamattina. Li mangio. China sul lavandino, sputo qualche frammento di avena e pepe. Poi prendo portafoglio e telefono e raggiungo la porta. L'accosto alle mie spalle e provo un po' di ansia nel chiudere un luogo sconosciuto, con una chiave e una serratura sconosciute. La serratura scatta e spingo la porta alcune volte e faccio oscillare la maniglia per assicurarmi che sia davvero a posto. Poi la apro di nuovo, solo per essere certa di poter rientrare, più tardi. Sto chiudendo e scuotendo la maniglia per la seconda volta quando sento un rumore strascicato, più in là nel corridoio. C'è una donna in piedi fuori dal suo studio, forse dieci porte più in là rispetto al mio, è al telefono e porta un caschetto da bici appeso al braccio. Molto alta, molto magra, con la pelle scura e i capelli avvolti strettamente in una sciarpa. Mi sta sorridendo.

«Ehi» dice.

«Ehi» rispondo.

Poi la donna saluta la persona all'altro capo del filo, fa lo stesso con me e scompare nel suo monolocale.

Poco dopo, scrollo Facebook mentre aspetto in coda dal macellaio. Qualcuno ha pubblicato un post su un nuovo tipo di burro di arachidi a ridotto contenuto di zuccheri che include un ingrediente pericoloso per i cani, con un messaggio che dice: "Attenzione ai padroni di cani!". Qualcun altro sta cercando consigli per le proteine vegane da inserire nei frullati. E un ragazzo con cui andavo a scuola ha pubblicato qualcosa sul sistema proporzionale. Suppongo sia un tipo di sistema che ha senso. Credo di averci già riflettuto in passato, ma a volte mi confondo tra i miei pensieri e quelli che altre persone hanno pubblicato sui social. Il grafico che ha postato il ragazzo della mia vecchia scuola mostra come, con il sistema proporzionale, i conservatori sarebbero in calo del quattro per cento e i laburisti in aumento del tre, o qualcosa del genere. Il grafico non è chiaro, però, e comunque già mi ha convinta, quindi continuo a scorrere.

«Signorina?» mi chiama il tipo dietro il bancone. I suoi occhi vagano da qualche parte intorno alle mie clavicole.

«Scusi.» Metto il telefono in tasca. Sorrido.

L'uomo mi guarda, una mano sul fianco; sembra impaziente. Poi dice: «Cosa posso fare per lei?». Le recensioni online definivano questo macellaio particolarmente amichevole; il negozio è stato tramandato di generazione in generazione. Quindi vengo colta alla sprovvista dal tono ruvido della sua voce e dal suo volto serio.

«Oh, ehm...» Osservo la selezione dietro il vetro. Ci sono pasticci e rustici, cose come uova fritte e insalata di patate, oltre a carne affettata e confezionata.

«Posso avere una porzione di uova fritte e...» La mano dell'uomo prende quelle in cima al mucchio e le avvolge in una plastica sottile, dopodiché le posa sul bancone. «... quella specie di rustico al... formaggio e... pancetta...» Indico, e lui prende un piccolo sacchetto di carta alle sue spalle e usa le pinze per afferrare il rustico. «E una di quelle salsicce, forse anche un paio di quelle più piccole, dell'insalata di patate, e sì... ehm... ha per caso del sangue di maiale?» Sposto il peso da una gamba all'altra e mi schiarisco la gola.

Il macellaio si ferma, la mano guantata a metà strada

verso una pila di salsicce sul davanti del bancone. Poi raddrizza la schiena, un'espressione confusa sul viso.

«Sono un'artista performativa» spiego, ma la mia voce è molto bassa.

«Cos'è che è?» ribatte l'uomo. «Artista performativa?» Mi fissa. «Qui non vendiamo niente del genere» continua, burbero, come se fossero gli artisti performativi ciò che sto cercando di comprare. Sento un altro cliente sussurrare qualcosa a qualcun altro dietro di me, ed entrambi ridono piano.

«Oh, uhm.» Mi allontano dal bancone. Era facile a Margate. La macellaia aveva sangue da smaltire praticamente ogni giorno. E non faceva domande. Comincio a farmi strada verso la porta. «Mi scusi» dico mentre esco, e l'uomo mi grida dietro: «E la sua spesa? Ehi!».

Fuori, mi fermo per un po' sul marciapiede, chiedendomi se sto per piangere. Ma non lo faccio – resto semplicemente lì, vicino a un lampione, mentre i passanti mi sfilano davanti in fretta. È l'ora di punta. La gente arriva a piedi dalla stazione di Vauxhall e dall'omonimo ponte, nel tentativo di tornare a casa. Mi riprendo, concentrandomi sulla sensazione del suolo sotto i piedi, e penso alla prossima mossa.

Sta facendo buio, adesso. Il sole è scivolato dietro i palazzi da un bel po', ma è comunque lì, al di sopra dell'orizzonte; posso sentire la sua presenza, benché ci sia così tanto cemento tra noi. Il cielo è di una piacevole sfumatura aranciata. Quando si avvicina quest'ora, riesco a sollevare lo sguardo verso le nuvole senza avvertire la luce con troppa intensità. Cammino lungo la strada fino a quando non mi trovo sotto un ponte ferroviario. Le pareti del sottopassaggio sono ricoperte di variazioni sui dipinti di William Blake. Dai nomi delle strade della zona, presumo che Blake una volta vivesse da qualche parte qui intorno. Proprio al centro del murale c'è una versione del *Fantasma di una pulce* - un uomo mostruoso con la schiena e le gambe muscolose in maniera impressionante, quasi disgustoso, e lunghe unghie. Mi giro in modo da fronteggiare l'immagine che, si può dire, è enorme e circa venti volte più grande dell'originale. La sua lingua si arriccia, come la proboscide di una vera pulce ma capovolta, e i suoi occhi sono spalancati e affamati. Sta guardando in una ciotola vuota che forse, una volta, conteneva del sangue appena estratto da un animale, e il fantasma della pulce ha appena finito di berlo. O forse ce n'è ancora un po', sul fondo. Mi vengono le vertigini nel guardare la ciotola dipinta, invidiosa come sono della pulce che può mordere e nutrirsi di un animale senza che quello se ne accorga, e il cui stomaco è con ogni probabilità pieno. La sto ancora guardando quando sento dei passi lungo la strada. Scarpe da uomo

– *tap, tap, tap* – e deliri da ubriaco, bestemmie miste a parole impercettibili, così mi giro e mi avvio verso gli studi.

Più tardi, sono alla stazione di St Pancras, in attesa della mia valigia al deposito bagagli. Tengo le chiavi dello studio nella tasca della camicia. È come avere le chiavi della mia nuova vita nel taschino, mentre la valigia contiene la mia esistenza precedente.

«Ehi» dice un uomo che non ho mai visto, sfilandomi accanto e provenendo dai bagni degli uomini.

«Uhm, ehi?» ribatto, corrugando la fronte. Mi spingo più vicino al bancone del deposito bagagli, quasi fosse circondato da una sorta di bolla che mi può tenere al sicuro.

Il tipo che lavora qui sbuca dall'area in cui sono conservati i bagagli. Ha una testolina piccola e stretta e un corpo massiccio coperto da un'ampia camicia che gli sta larga. Sta osservando il biglietto che gli ho dato al mio arrivo. «È sicura che è il biglietto giusto?» mi chiede senza guardare nella mia direzione.

«Sì, cioè... sì, è quello che mi è stato dato.» Mi sento un po' nel panico. Non c'è niente che sia veramente di valore, in quella valigia – il mio portatile è già nello studio – ma lì dentro ci sono cose che mi sono familiari e di conforto come mai potrebbe accadere con un computer. Libri che ho letto quand'ero più giovane, vestiti in cui ho vissuto per la maggior parte della mia età adulta, vecchi album da disegno, e poi c'è anche il mio certificato di nascita. Mia madre l'ha piegato in otto, rimpicciolendolo, e l'ha cucito nell'orlo di un guanto, parte di un paio che ha portato con sé sin da prima della sua trasformazione, secoli fa. Non è un certificato di valore, ma è una testimonianza della mia nascita umana, la prova del fatto che sono venuta al mondo del tutto normale e mortale, prima che mia madre mi trasformasse, pochi giorni dopo. È un piccolo segreto, ora che comincio a sembrare più giovane della mia età: un ricordo della mia breve vita puramente umana che mi porterò dietro per sempre, o almeno così avevo pensato di fare.

«Non è lì?» domando con tono stridulo. «Questo è il biglietto che ho ricevuto. È stata una donna a darmelo, ha strappato l'altra estremità e l'ha riportata lì.» Indico la porta da cui il ragazzo è entrato, pochi secondi fa.

«No» ribatte lui, continuando a guardare il biglietto. «Non c'è niente là dietro con questo numero.» Alza lo sguardo. «Vuole che controlli di nuovo?»

«Uhm, sì» rispondo con rabbia. Fisso le mie mani sul bancone. Tremano un po'. Non so dire se sia per via di questo intoppo con la valigia o per la fame che ormai neanche sento più, ma che percepisco sullo sfondo.

«Va bene» dice l'uomo, e torna verso la porta a passo strascicato. Mentre aspetto, cerco di ricordare tutto quello che c'è nella valigia, quasi potessi richiamare alla memoria ogni oggetto, ne avrei almeno una versione in testa. Quando torna, è a mani vuote. «Scusi, signorina, non c'è. Sfortunatamente, queste cose accadono, di tanto in tanto. Dev'esserci stato uno scambio o qualcosa del genere. Le darò un modulo da compilare per presentare un reclamo alla sede centrale, e posso darle un rimborso di...» osserva di nuovo il foglio, «sì, ventidue sterline e cinquanta, per oggi.»

«Cazzo» sbotto. «Sul serio?»

L'uomo mi guarda, gli occhi piccoli e luccicanti. Intanto, il suo collo si offre al mio sguardo. "Ciao" sembra dire. "Piacere di conoscerti."

«Scusi» ripete l'impiegato.

Distolgo gli occhi da lui. «Sì, vabbè» borbotto, e mi concentro a tirare fuori il portafoglio.

«Quindi... accetta il rimborso, giusto?»

«Sì. Può caricarlo lì sopra» ribatto, secca, dandogli la mia carta di debito. Mentre si dirige verso l'altra estremità del bancone, io scuoto la testa e mormoro sottovoce: «Cazzo». Questo sfogo della mia insoddisfazione, benché espresso solo tra me e me, mi fa sentire leggermente meglio. Magari non ho bisogno di quei libri o di quei vestiti e nemmeno del mio certificato di nascita. Che cosa prova, comunque? Che un tempo sono nata? Che una volta ero del tutto umana? So queste cose senza avere bisogno di un pezzo di carta che non riesco nemmeno a leggere perché è cucito in un guanto. Inoltre, avrò l'eternità per mettere insieme una collezione di libri e di vestiti soltanto per me. In effetti, ho in programma di avere una biblioteca, un giorno, in una delle stanze della mia casa. Possiederò anche una galleria d'arte. L'inaugurerò a mio nome e la gestirò per alcuni anni, quindi assumerò altre persone perché lo facciano al mio posto mentre io mi ritiro sullo sfondo, supervisionando le cose a distanza. A quel punto, realizzerò opere d'arte sotto svariati pseudonimi; alla fine, scriverò un comunicato stampa in cui dichiarerò di essere morta in pace a casa mia, di vecchiaia, e che ho scelto di passare la mia galleria e la mia proprietà alla mia figlia maggiorenne, che sarò sempre io. E ripeterò il processo ancora e ancora. Avrò opere d'arte che mi apparterranno, libri, un edificio che porterà il mio nome.

«Okay, è fatta» annuncia l'uomo. «Scusi per la sua valigia.»

«Grazie» dico e me ne vado.

Sulla strada per la metropolitana, mi fermo in uno dei negozi della stazione centrale che vendono cibo biologico e caffè. Tengono l'illuminazione abbastanza bassa, il che è piacevole, rispetto alle abbacinanti strisce di luci bianche nell'atrio. Ci sono anche dei radiatori che brillano di un bagliore arancione all'interno, e quando mi avvicino la mia pelle si scalda. Non trattiene il calore – un po' come quando la pelle si intiepidisce vicino a un termosifone ma, una volta rimossa quella fonte, si raffredda di nuovo abbastanza in fretta – ma è bello immaginare per un momento di possedere un calore corporeo. Nella sezione dei prodotti da frigo prendo alcuni articoli, come fa un altro cliente accanto a me, e li giro per leggere le informazioni nutrizionali. Mi piace scorrere i vari numeri che mi spiegano come quello che ho in mano si trasformerà all'interno del corpo di un essere umano. Energia: 326 kcal, Grassi: 16,00 g, Carboidrati: 38,00 g; Proteine: 11,00 g. Questo pasto contiene cereali e semi di melograno, cipollotti, olio d'oliva, semi di senape, aglio e limone. Si chiama "Superfood, insalata supersalutare". Capovolgo anche un vasetto di yogurt e avena, leggo le informazioni sulla piccola etichetta bianca, e poi lo rimetto sullo scaffale come se vi avessi visto qualcosa di inadeguato, o come se non avesse al suo interno ciò che cerco. Osservo l'altro cliente prendere un uovo sodo su un letto di spinaci in una vaschetta di plastica rotonda e un caffè freddo. Porta il cibo al bancone e lo paga e, ben presto, un'altra persona è accanto a me, nel reparto frigo, a prendere dei cibi per poi metterli di nuovo giù. Alla fine, vado al bancone e chiedo se vendono del sanguinaccio, o se sanno chi potrebbe venderlo, e la donna che lavora lì scuote la testa, confusa. «Mi spiace, ma no. Sanguinaccio?»

«Sì» replico, rimpiangendo di non averne chiesto un

po' dal macellaio, dove c'erano salsicce di sanguinaccio intere in mostra tra tutte le altre carni lavorate. «Si presenta come una salsiccia.»

Scuote di nuovo la testa. «Da Marks & Spencer, forse?» All'uscita, vedo l'uomo che ha comprato l'uovo. È seduto nell'area del bar sotto un radiatore a fungo. Ha morso la parte superiore dell'uovo sodo e tiene il resto in mano. Vado in un altro negozio per vedere se riesco a trovare un sacco a pelo o qualcos'altro di morbido su cui dormire stanotte, ma è tutto troppo costoso. Penso di andare da M&S ma non sopporto il pensiero di interagire con altre persone e di rimanere di nuovo delusa, quindi mi avvio alla stazione della metropolitana.

Mi sento piuttosto di buonumore mentre scendo le scale mobili. C'è qualcosa di liberatorio nel perdere tutti i beni che appartengono a una vecchia vita. Anche se non avrò niente su cui dormire stanotte, sono leggera e ottimista. Ma questa sensazione sparisce in fretta. Nei tunnel a sud della Northern Line, ho la sensazione che qualcuno mi stia seguendo. Non ho visto nessuno comportarsi in modo sospetto – le persone dietro di me sembrano tutte dirette a prendere il treno – ma mi sento come se la schiena fosse fisicamente colpita dallo sguardo di qualcuno. Pensavo che la mia capacità di percepire cose del genere fosse un altro aspetto che mi distingueva dagli umani ma quando, da adolescente, l'avevo chiesto a mia madre, lei aveva smentito, affermando invece che quell'abilità appartiene, in effetti, proprio alla mia metà umana. È qualcosa, mi aveva spiegato, che la maggior parte delle donne può fare: un senso in più che gli uomini non hanno, o di cui di solito non hanno bisogno.

Mi giro sulla piattaforma e cammino fino alla fine, dove sono radunate alcune persone. Sono donne che stanno festeggiando un addio al nubilato e, a giudicare dal loro accento, immagino vengano da Manchester. Quando arriva il treno, salgo con loro, quindi vengo nascosta dai loro boa di piume e dai palloncini. Mentre la vettura è in movimento, però, scorgo una persona, forse quella che mi stava seguendo, attraverso il finestrino che conduce alla carrozza successiva. Un uomo dal viso magro, occhi grandi e capelli scuri striati di grigio mi sta fissando. Gli rivolgo uno sguardo accigliato, affinché capisca che posso vederlo e che sappia che non sono contenta di essere osservata. Ma lui continua e, alla fine, gli angoli della sua bocca si sollevano in un lieve sorriso.

La valigia scomparsa sembra ricoprire un significato più importante, rispetto a prima. Sotto lo sguardo di quest'uomo, mi rendo conto che non so davvero chi sono. La mia vita, in un certo senso, inizierà domani, quando comincerò il mio stage in galleria. Oggi sono ancora un embrione. La mia pelle è sottile e impregnata d'acqua; i miei occhi non si sono ancora aperti. Lo sguardo dell'uomo è come un riflettore. Non ho con me niente che dimostri che sono esistita e che ho un'identità, al di là del mio aspetto fisico. Scuoto la testa e i miei folti capelli neri mi coprono parte del viso. Infilo le mani nelle maniche come fossero teste di tartarughe che si rifugiano nei loro gusci. Mi giro alla mia sinistra, lontano dallo sguardo di quell'individuo, in modo che tutto ciò che vede sia la massa dei miei capelli, anche se il mio corpo è ancora esposto. In quella posizione, chiudo gli occhi. Quando li riapro e mi volto, l'uomo non c'è più.

Sono di ritorno agli appartamenti poco dopo le dieci. Non sembra che ci sia nessun altro, qui. Quello dei miei passi è l'unico suono in tutto l'edificio. Uso la chiave per aprire la porta dell'A14, la mia nuova casa, e mi infilo all'interno. La porta si chiude con un rumore assordante. La stanza ha un odore che non riconosco. Mi sento piccola, come se fossi stata picchiata dalla città. Le mie uscite sono state infruttuose. Non ho con me nessuna delle cose che mi univano alla mia vita a Margate o a mia madre – solo il mio ombelico, e la piccola cicatrice sul collo – e non ho cibo. Nel buio, il mio stomaco brontola ad alta voce.

2

C'è una pianta chiamata "fiore fantasma" perché è di un bianco spettrale, quasi blu. Se dovessi aprire questo fiore e studiarlo, non troveresti clorofilla all'interno. Può crescere al buio, al riparo delle foglie cadute e del sottobosco nelle foreste, sotto il suolo. Non ha bisogno di fotosintesi, perché è un parassita. Utilizza reti fungine per risucchiare energia dagli alberi che fanno la fotosintesi. Le sue radici sembrano grappoli di minuscole dita che brancolano e si collegano con enormi reti bianche di funghi che a loro volta si uniscono alle spesse radici degli alberi.

Non so dove si colleghino l'umano e il demone in me, se ci siano radici che germogliano dal demone e raggiungono e si attaccano all'umano, o viceversa. Entrambi vivono perché l'altro esiste. Il demone sopravvive grazie al sangue che il mio corpo umano digerisce. E il demone, a sua volta, fa battere molto lentamente il mio cuore umano – almeno, questo è ciò che mia madre mi ha detto quando ero piccola. Ogni volta che lo immagino, vedo una piccola creatura oscura con braccia deboli che pompa manualmente l'organo con un mantice. Grazie al lavoro svolto dal demone per mantenere attiva la circolazione del sangue, l'umano in me continua a vivere e io conservo alcuni dei tratti che il mio padre umano mi ha tramandato. Il modo in cui mi incurvo leggermente, con le spalle protese in avanti anziché indietro, è una postura che, secondo mia madre, deriva da una profonda insicurezza che aveva anche mio padre. La penso come lui, a quanto pare; era un perfezionista, si fissava sugli argomenti che trovava interessanti, lottava per affrontare quelli che non gli piacevano. La mia ansia, la timidezza, la goffaggine sono le sue. Penso spesso ai miei tratti demoniaci – i miei denti aguzzi; il fatto che ora che ho finito di crescere, ora che sono adulta, non invecchierò più; il mio essere fredda; la mia fame; la mia irritabilità e il mio temperamento irascibile – come alle uniche eredità ricevute da mia madre. Ma ho anche preso parte della sua umanità; è solo più difficile separarsi dal demone.

Quando sogno, è perché la mia metà umana dorme. In quei momenti, la mia parte demoniaca è sveglia e, di solito, provo qualcosa al di là di ogni emozione umana – qualcosa che va ben oltre la rabbia e la fame umane – ma, poiché il mio corpo umano è paralizzato dal sonno, la mia metà demoniaca non può agire sui suoi sentimenti.

Perciò, detta i miei sogni. In quello della scorsa notte, gli studi Kora erano in fiamme. Non riuscivo a vederlo, ma sapevo che anche il resto del mondo stava andando a fuoco. Gli alberi erano bastoncini di carbone che spuntavano dal terreno. Si sbriciolavano quando venivano colpiti. Ben si presentava nel mio studio, che era buio e fresco, con la pelle arrossata dal caldo, la bocca spalancata per la sofferenza. Gli prendevo le mani e il suo corpo si accasciava contro il mio, e lui sussurrava un paio di volte: "Ho così tanta fame, sono così affamato, così affamato". E poi lo divoravo.

Ora sono sdraiata, sveglia, sul pavimento del mio studio. Inizio il mio stage presso l'OTA, una galleria a Battersea, questo pomeriggio. Il soprannome della galleria è "la Lontra"; OTA in realtà sta per Osmund, Toth e Akagi, i tre fondatori, tre artisti sperimentali degli anni Sessanta associati al gruppo Fluxus. Tomoe Akagi è noto nei circoli artistici per aver battuto sul tempo Nam June Paik nel divenire il primo esecutore di una performance artistica all'interno di una balena. Anche se non credo che Paik volesse davvero fare una cosa del genere. Il suo lavoro, *Insìnuati nella vagina di una balena viva*, riguardava la creazione di un'opera d'arte performativa impossibile, che non doveva essere tentata e poteva esistere soltanto nella mente del pubblico. Nel leggere il titolo, immaginiamo inevitabilmente di separare la morbida carne di una balena senza che lei se ne accorga, un corridoio che si apre mentre noi entriamo, sfondando il suo imene, insinuandoci nel suo utero. Quando ne ho letto per la prima volta, non riuscivo a capire come mi sentissi riguardo a quel lavoro. Ricordo di aver pensato: *Pfui*, ovviamente ha scelto un esemplare femmina, e ovviamente ha voluto che la penetrassimo senza che lei se ne accorgesse. Non saprei dire quale fosse lo scopo dell'opera. Sembrava esistere con l'unico obiettivo di essere scioccante. Akagi si era fatto legare nello stomaco di una balena spiaggiata morta da qualche parte in Scandinavia – dove si mangia la carne dell'animale – e, in seguito, era diventato famoso come l'artista che aveva battuto Nam June Paik. A differenza di quello degli altri artisti Fluxus, il lavoro di Akagi non era del tutto nichilista; scrisse poi una lunga lettera alla balena, scusandosi per il modo in cui la sua generazione stava maltrattando l'ambiente, e la cucì allo stomaco dell'animale, dov'era anche lui.

Si sente bussare alla porta. È ancora buio. Ho indosso i vestiti di ieri, ora gli unici che possiedo. Lo sporco del pavimento mi è rimasto attaccato dietro le spalle e sul retro delle braccia. Tiro fuori dalla borsa un maglione per coprirmi il busto, poi rispondo alla porta. È Ben.

«Ehiii, ciaooo» dice, come se stesse facendo lo sforzo di parlare anche per me. Sorride. Le sue labbra sono molto rosa. «Allora, ti ho preso questa!»

Gli occhi di Ben scrutano la stanza. Suppongo gli sembri strano che nessuna delle mie cose sia qui, dopo che gli ho detto che avrei spostato tutto ieri. Mi guarda e sorride. Poi mi porge una pianta dagli steli marroni e rosa, e morbide foglie rosso scuro.

«Oh!» esclamo.

«Hai già il gancio, vedi?» Indica un uncino di metallo delle dimensioni della mia mano che scende dal soffitto.

«Uh.» Non l'avevo notato prima. È dipinto di bianco come il muro, quindi si confonde. Alzo lo sguardo. Mi chiedo a cosa servisse, in origine. «Ti ho preso questo come, ehm, una sorta di regalo di benvenuto, per allietare un po' l'atmosfera.» La porta si chiude dietro di lui, facendo precipitare la stanza nella completa oscurità. «Hai ancora mal di testa?»

«No.» Vado all'interruttore e accendo appena le luci. «Sono fotosensibile. È una cosa mia.» Gesticolo in direzione della mia faccia, cercando di pensare a qualcosa da dire. «Degli occhi.»

Guardo la pianta tra le mie mani. È piuttosto carina. Gambi lunghi con una cascata di piccole foglie che fuoriescono dal vaso e pendono come capelli. «Non morirà?» chiedo. «Non ci sono finestre.»

«Oh, be', sì... in realtà, è finta.» Ben ride tra sé. «Devo...» inizia, e indica il gancio. In questo momento, sembra un ritratto di Leonardo da Vinci: il suo viso paffuto e bianco, i morbidi capelli rossi, gli occhi dolci. Nei ritratti di da Vinci che hanno per soggetto delle persone che puntano al cielo, i suoi modelli sembrano sempre dei cherubini, indipendentemente dalla loro età. Ben rimane con il dito puntato per un po', poi l'illusione si spezza.

«Sì, grazie» rispondo.

Ben sorride e i suoi occhi si trasformano in piccole fessure incorniciate da entrambi i lati da zampe di gallina che non sono ancora diventate rughe permanenti sul viso. Posso già dire che lo faranno, però. Nel corso degli anni, la pelle di Ben verrà solcata da rughe che agiranno come promemoria fisici della sua personalità e della sua natura. Nel frattempo, io rimarrò la stessa; la mia faccia non mostrerà alcun indizio sul tipo di persona che sono. "Quell'uomo è gentile" dirà chi vedrà il volto di Ben quando sarà anziano. Quando le stesse persone vedranno me, non avranno nulla da dire.

Prendo una sedia per Ben, ma va a finire che gliene servono tre, una in cima all'altra e tutte sopra il tavolo. Le tengo ferme mentre lui si arrampica e lotta per infilare l'uncino della pianta nel gancio.

«Quindi» dice mentre tende il suo corpo verso l'alto, «di solito ai nuovi artisti...» Sbuffa intanto che si allunga il più possibile, in punta di piedi. «... di solito ai nuovi artisti regalo piante commestibili... Tipo... erbe e... pomodori e... sai, funghi... Così...» Resta in silenzio per un momento mentre si concentra. Dopodiché l'uncino si aggancia e la pianta oscilla, con le foglie che scendono elegantemente sulla testa di Ben. Lascia cadere le braccia lungo i fianchi. Ha il viso arrossato. «Scusa, sì» riprende, guardandomi dritto negli occhi. «Di solito do piante commestibili ai nuovi artisti e quindi, quando ceniamo tutti al Posto, ciascuno porta ciò che è riuscito a coltivare con successo.»

«Oh, bello» commento. Sorrido e Ben ricambia. Per un attimo, ci fissiamo e ci sorridiamo.

«Farò meglio a scendere, suppongo» dice, quasi gli dispiacesse farlo.

Mi afferra il braccio e per poco non cade dalle sedie impilate – la sua mano è molto calda, e io ricordo il mio sogno e la mia fame, e sento nello stomaco un nodo, una specie di contrazione. La mia bocca si apre come di sua spontanea volontà.

Ben si mette a sedere sulla pila di sedie, scivola lungo il bordo e poi salta giù dal tavolo, muovendo un paio di passi una volta atterrato. «Bene, bene...» Guardo il suo petto alzarsi e abbassarsi. «Sembra tutto okay. Che ne pensi?»

«Sì» confermo. Ma anche una pianta finta pare fuori posto, appesa in uno spazio senza luce naturale.

Ben inclina la testa, accigliato. «Fa un po' strano, suppongo, in una stanza così vuota.» Lo osservo mentre si guarda di nuovo intorno. «Insomma, devo chiedertelo...

dov'è tutta la tua roba? Cioè, dov'è il tuo lavoro? Non ti dovevi trasferire ieri sera?»

«Sì.» Sposto lo sguardo sul mio zaino, e poi sul portatile aperto sul pavimento, e sul portafoglio e il telefono. Ci sono un album da disegno e un libro sull'etica degli allestimenti che spuntano dalla mia borsa. «Sì. È questo.»

«Questo è tutto?»

«Sì.»

Non voglio parlargli della valigia. C'è qualcosa di troppo tragico, in tutto questo. Non voglio che si senta dispiaciuto per me. Voglio dare l'impressione che la situazione in cui mi trovo sia voluta. «Non mi piace avere molte cose» spiego. «Cerco di non essere materialista.»

Ben sembra impressionato. Inarca le sopracciglia e annuisce. «Fantastico.» Si muove un po' sul posto, spostando il peso da un piede all'altro. «E poi...» Arrossisce. «Mi domandavo se avessi voglia di uscire, oggi o un altro giorno di questa settimana. Ho una scadenza di lavoro che mi piacerebbe rimandare.»

«Certo» rispondo. «Ma inizio il mio stage oggi, quindi sarò impegnata. Non so davvero quanto tempo avrò, durante la preparazione dell'inaugurazione.»

«Ah, non preoccuparti. Sì, Shakti era molto impegnata quando era alla Lontra. Ti hanno dato degli orari?»

Scuoto la testa.

«Be', fammi sapere. Sono qui la maggior parte del tempo.» Sorride. «Va bene, allora» riprende, e poi indica la porta con il pollice. «Dovrei...»

«Sì, grazie per la...» inizio, e faccio un cenno verso la pianta. Mi rendo conto di aver preso l'abitudine di Ben di non finire le frasi, e questo mi infastidisce. «... pianta» concludo, ma ora suona strano, messo lì così.

«Ma no, sai, è solo che è...» Ben fa spallucce.

Annuisco, benché mi chieda dove vada a finire la frase. La prima parola che mi viene in mente è "desolata". Mi domando se abbia capito che sono sola. Se è per questo che viene a farmi visita.

«Comunque, assicurati di annaffiarla tre volte alla settimana e di girare il vaso in modo che tutti i lati si prendano la loro bella dose di sole.» Ben sorride. Un sorriso gentile, ampio e un po' sciocco, e posso vedere non solo la maggior parte dei suoi denti, ma anche le gengive. Sono ben in salute, rosate. Ho l'acquolina in bocca. Deglutisco.

«Eheh» faccio.

«Sarò in zona tutto il giorno» aggiunge. «Probabilmente fino a tardi.»

«Okay.»

Poi prende per la porta e se ne va.

Tolgo le sedie dal ripiano ma lascio il tavolo dov'è, direttamente sotto la pianta finta. Smonto la pila di sedie e mi siedo su una di esse, il portatile davanti a me. Ho cercato su Google "Ordinare online sangue di maiale a domicilio a Londra".

Non ho mai avuto bisogno di farlo, prima. Mia madre si è sempre procurata il nostro cibo; alla fine, mi ha coinvolta nel processo, in un certo senso, ma aveva già instaurato un rapporto stabile con la macellaia locale, quindi tutto ciò che dovevo fare era presentarmi con un carrello pieghevole e un cordino elastico se ce n'erano più di due secchi. Mentre aspettavo, il macellaio parlava sempre e mi chiedeva della scuola o dell'università, che frequentavo da pendolare e, quando mia madre si ammalava, come stesse.

Prendevamo sempre e solo sangue di maiale, e non perché fosse l'unico tipo di sangue animale disponibile dal macellaio. «I maiali sono sporchi» disse una volta mia madre. «È ciò che il tuo corpo merita.» Ma si è poi venuto a sapere che i maiali non sono sporchi per natura. Piuttosto, gli esseri umani li tengono in condizioni deplorevoli, nutrendoli con verdure marce, lasciando che il fango nei loro recinti troppo stretti si mescoli alle loro feci; la sporcizia del maiale è soltanto sintomatica dei peccati dell'uomo. I maiali selvatici mangiano le piante. È stato anche dimostrato che puliscono la frutta nei torrenti prima di nutrirsene e non mangiano né si rotolano mai nelle proprie feci. L'avevo detto a mia madre, ma lei era fermamente convinta che il maiale fosse l'animale più sporco e che fosse ciò che meritavamo. Così è quel che ho mangiato negli anni della crescita, senza mai toccare nient'altro, solo pensando, sognando, immaginando il sapore di un altro sangue.

C'era però un accenno di qualcos'altro, di qualche altro gusto, nella mia memoria. Qualcosa di lontano, risalente a così tanto tempo prima che non sembrava nemmeno più far parte della mia vita; qualcosa di antico, come un ricordo tramandato di generazione in generazione. Questo era il gusto – o forse non il gusto, ma più che altro l'esperienza di consumare e poi trattenere dentro di sé – del sangue umano.

So che mia madre una volta, mentre era incinta di me, si è cibata da un essere umano; non mi ha mai detto chi. Definisce questo incidente un errore e incolpa me: per aver moltiplicato la sua fame e averla fatta sentire come se avesse avuto bisogno di più di quello che un maiale può offrire. Mi sono domandata se il mio corpo ne ricordi il sapore e la sensazione dall'interno dell'utero. Una volta, da adolescente, mi sono tagliata e ho succhiato la ferita, sperando che il sangue dei maiali si fosse trasformato in umano nelle mie vene, sperando di assaggiare quello che sentivo di poter ricordare; ma ciò che ho bevuto non aveva un sapore diverso dalla mia cena, e non mi sono sentita diversa nemmeno dopo.

Dopodiché, ho cercato su Google "Può un bambino

condividere il sangue di una madre?", chiedendomi se magari, per una volta nella mia vita, avessi avuto solo sangue umano incontaminato, e il risultato principale recitava: "Il bambino non ancora nato è collegato alla placenta attraverso il cordone ombelicale. Tutto il nutrimento, l'ossigeno e il supporto vitale passano dal sangue della madre attraverso la placenta e i vasi sanguigni nel cordone ombelicale fino al bambino". Quel fatto mi ha delusa e me ne sono risentita. Era come se in qualche modo fossi più di mia madre che di mio padre, più demoniaca e meno umana, malvagia e peccatrice prima ancora di nascere. Tuttavia, non so come funzioni davvero una gravidanza da vampiro, se per i primi nove mesi della mia esistenza io abbia nuotato in acque marce in un grembo quasi morto; se l'utero che è in me, che è il grembo di un vampiro sin da quando sono stata trasformata da bambina, sia in grado di contenere la vita. Non ho mai avuto il ciclo e mia madre una volta mi ha spiegato che non ha quasi più mestruazioni e, quando le ha, sono irregolari, come se fosse perennemente bloccata sul confine tra fertilità e menopausa. Il ricordo del sangue umano si manifesta, ora, come una specie di reazione viscerale alla vista delle vene e del collo della gente. La pelle del collo mi sembra diversa da quella di qualsiasi altra parte del corpo. Sembra sottile e fragile come carta di riso avvolta intorno a un dolce. È troppo bianca rispetto al resto della pelle, come se chiedesse di essere marchiata, come costosissima carta da calligrafia o la Fabriano pressata a freddo. Spesso mi domando se il mio impulso di creare arte corrisponda a quello di consumare e distruggere la tela vergine del collo umano. Mentre ero al liceo artistico, ho letto che la carta migliore usata dagli artisti nel Diciassettesimo secolo era fatta con le pelli dei feti di agnello. Era morbida e assorbente e aveva una consistenza uniforme sull'intera superficie. Per molto tempo, il processo di creazione dell'arte è stato legato all'uccisione di esseri viventi. Anche mio padre usava seta fine tesa su telai di legno nel suo lavoro di pittore. Una volta, quando avevamo ancora alcune delle sue opere, ho osservato le strane forme geometriche che aveva realizzato su un enorme foglio e ho pensato a tutti i bachi da seta a cui erano stati squarciati i bozzoli prima che potessero diventare falene.

Ci sono cinque annunci in cima ai risultati della mia ricerca su Google a proposito delle consegne di sangue di maiale a Londra. Il quarto raffigura una bottiglia di plastica bianca opaca con un coperchio rosso. C'è un lieve accenno di liquido scuro al suo interno. Clicco sul collegamento ma, quando la pagina viene caricata, noto il nome del sito – *Negozio di Scherzi Poker Face* – e la descrizione: "Vino rosso addensato per farlo sembrare sangue vero". Torno indietro. C'è un'altra bottiglia di "sangue" per trucco ed effetti speciali, chiamata "sangue che scorre";

ci sono poi altre due varietà, "fiocchi di sangue" e "sangue coagulato". Trovo un forum in cui qualcuno chiede se è possibile procurarsi sangue fresco di maiali nel Regno Unito. Nel loro post spiegano che vogliono preparare una salsiccia d'eccezione. Tutte le risposte descrivono vari regolamenti che impediscono ai macelli e ai macellai di vendere sangue fresco. Suppongo che quello di Margate infrangesse le regole. Non mi sorprenderebbe. Per molto tempo c'è stata una certa mancanza di controllo, in città, ma ora il macellaio non c'è più. Un mese prima che io e mamma ce ne andassimo, ha chiuso il negozio – l'affitto era diventato troppo caro, ci ha detto, da quando la città era diventata così di moda tra i londinesi – e noi abbiamo fatto scorta di diversi secchi di sangue per poterci reggere in piedi e ci siamo salutati.

Mi appoggio allo schienale della sedia e lascio cadere la testa all'indietro in modo da guardare il soffitto. Questa è, in tutti i miei ventitré anni di vita, la prima volta che sono da sola. La prima volta che sono indipendente, che devo badare a me stessa, vivere come un essere umano, senza che mia madre mi aspetti a casa – in salute o meno – senza tutte le mie cose, e tutte quelle di mia madre, intorno a me. È già più impegnativo di quanto pensassi. Anche se mi piace spingermi oltre i miei limiti, non avevo previsto di non essere in grado di racimolare del sangue il primo giorno del mio stage. Avevo programmato di provare l'ebbrezza di un po' di fame, per poi rifornire il mio frigorifero e mangiare normalmente per almeno qualche giorno, intanto che imparavo come funzionasse la galleria e incontravo le persone con cui avrei lavorato. Sollevo la testa con uno sforzo straordinario, stendo le braccia sul tavolo e vi abbandono sopra il capo.

Lo schermo del portatile è all'altezza della mia faccia. Sento la bava colarmi sul braccio, ma non mi interessa più di tanto. *Sono disgustosa per natura*, penso tra me e me, quindi chi se ne importa di un po' di bava.

Scorro con difficoltà gli altri risultati della ricerca da questa posizione. Sangue di maiale essiccato per fare il sanguinaccio; kit per la preparazione del sanguinaccio con sangue di maiale essiccato; acquisto sfuso di sangue di maiale essiccato. E le ricette in fondo. Polpettone di sanguinaccio, stufato di Tolosa, spezzatino, gnocchi di patate dolci con sanguinaccio e peperoncino. Viene fuori anche un menu di un ristorante elegante a Leeds e uno degli antipasti: sangue di maiale essiccato e uova di lumaca. La gente è strana, mi sa. Trovo un laboratorio di bioscienze che vende piccole bottiglie e buste più grandi di sangue fresco a ricercatori, scuole e università; il loro sito non menziona la vendita ad artisti, ma sento che vale la pena provare. Compilo il modulo di richiesta per sapere il prezzo e i tempi di consegna a Londra.

Ciao, sono un'artista performativa, inizio il messaggio,

ma quasi subito ricevo una risposta automatica che mi comunica che il laboratorio è chiuso in via definitiva. Alla fine, scelgo di comprare del sangue di maiale essiccato. Trovo un fornitore che vende un prodotto biologico con tanto di certificato dell'associazione contro la crudeltà sugli animali. L'e-mail di conferma mi dice che il mio ordine arriverà in studio domani.

Sono così stanca. Non so di cosa si tratti. Non è solo la fame. Il mio corpo è pesante. Tutto è pesante. Sembra che anche l'aria nello studio lo sia, e che mi prema addosso perché mi abbandoni sulla superficie piana più vicina – in questo momento, il tavolo e la sedia dove mi trovo. Ma anche stendersi sul ripiano del tavolo non è granché comodo. Scivolo giù dalla sedia come una gelatina, rendendo il mio corpo volutamente floscio in modo da sbattere forte sul cemento, e sembro una donna che sviene in un film in bianco e nero. Un dolore sordo – solo una frazione di quello che sentirei se fossi completamente umana – si diffonde attraverso l'anca, il braccio e la spalla. Rotolo sulla schiena. I miei capelli si fanno cuscino. Allungo le braccia verso l'esterno e allargo le gambe, così da sembrare una stella. Ho un po' di nausea. Riconosco che questa è fame, ma c'è anche qualcos'altro.

Nella mia vita, ogni volta che ho pianificato qualcosa – incontrare un amico, andare a scuola o all'università, fare una passeggiata o, come oggi, iniziare uno stage –

quando arriva il giorno, il mio piano passa dall'essere ciò di cui sono entusiasta a qualcosa che temo. Se mi preparo per andare al cinema tra una settimana, per esempio, quando arriva il momento quella è l'ultima cosa che voglio fare. Il mio primo istinto è sempre quello di restare a casa. In questo istante non voglio andare alla Lontra, anche se ho studiato meticolosamente il percorso nella mia testa e mi sento pronta. Voglio restare qui sul pavimento di cemento a guardare il soffitto. Non voglio affatto incontrare gente. Da dove sono ora, sola in questa stanza, quella prospettiva mi appare strana e del tutto innaturale.

Mi guardo la mano. Tra poche ore, credo, ne stringerà un'altra. Questo corpo sarà presto di fronte ad altri corpi, esposto. Questi piedi varcheranno le porte di uno spazio che non conosco. Trovo il tutto impossibile. Quando penso al mio immediato futuro, lo immagino in lampi piuttosto che in una transizione fluida e lineare degli eventi. Mi vedo fuori dallo studio, poi su una strada trafficata, poi alla biglietteria della metropolitana di Vauxhall, poi seduta in una carrozza della metro, poi in galleria, in piedi sotto le luci a LED. Il viaggio sembra impraticabile perché non riesco a vedere i momenti che collegano queste immagini. È come se il mio cervello non fosse in grado di comprendere bene il tempo e il mio movimento nell'attraversarlo. Da adolescente, ho chiesto a mia madre di queste sensazioni, e lei ha detto che era "solo ansia", ma a me sembra che qualcosa non vada nel mio cervello, a livello fisico. O forse è qualcosa che ha a che fare con quello che sono. Il demone in me è forse un animale solitario. Nella cultura popolare, le persone come me sono sempre associate ai pipistrelli e forse è giusto. Posso immaginare di starmene a testa in giù in questo studio per ore, gocciolando saliva bianca dalla bocca, per poi volare in solitaria nella notte, raccogliendo insetti nel cielo.

Mi sollevo da terra circa due ore dopo. È come se il mio corpo fosse un burattino. Mi domando quale parte di me, se il demone o l'umana, sia quella che vuole che vada in galleria e che mi sta costringendo ad alzarmi. È una delle due parti a farlo, mentre l'altra trascina i piedi. Preparo lo zaino con le poche cose che ho. Infilo un po' di soldi nel calzino nel caso in cui anche il mio zaino dovesse perdersi, chissà come. Copro di crema solare la pelle esposta, e poi me ne vado. All'uscita, controllo il funzionamento della distribuzione della posta nell'edificio. Non c'è un campanello per ciascuno studio, il che potrebbe rendere un po' difficile la consegna del sangue secco che ho ordinato per domani. C'è solo una cassetta comune delle lettere all'esterno, ed è una specie di scomparto senza serratura o altro, con uno sportello che oscilla nel vento.

Arrivo alla Lontra e la porta d'ingresso è chiusa e non c'è nessuno che mi faccia entrare. È questo che mi spaventa ogni volta: restare bloccata fuori. Rimango rasente il muro, in modo da essere all'ombra. Busso alla porta, con decisione ma non troppo forte, perché non voglio sembrare matta. Guardo il muro intorno alla porta. Non c'è un campanello.

Ho ricevuto l'e-mail di orientamento per lo stage la scorsa settimana, mentre stavo smistando gli effetti personali di mia madre. Ho trovato diverse scatole delle mie cose di quand'ero bambina. È stato travolgente; mia madre aveva tenuto ogni cosa, anche le mie tutine, tutto ben piegato, e i piccoli giocattoli di legno con cui ho imparato i colori primari. Per le persone normali, l'infanzia occupa quasi un quarto della loro vita, ma a me, dopo che avrò vissuto per tutti i secoli che mi saranno concessi, sembrerà un puntino all'orizzonte, un breve momento in cui ho fatto parte della società in un modo per lo più normale, sperimentando i cambiamenti nel mio corpo insieme ad amici che stavano attraversando esattamente le stesse trasformazioni nello stesso identico momento.

Ho sempre saputo che la mia crescita a un certo punto sarebbe finita, che avrei smesso di cambiare una volta che il mio corpo avesse raggiunto il suo apice, proprio come mia madre mi aveva detto che sarebbe successo, e che poi sarei rimasta così com'ero, senza tempo e senza età, mentre i miei amici continuavano a progredire verso la morte. Eppure, ho passato tutto il periodo dell'infanzia a voler diventare adulta. Adesso, è il contrario. Ho provato un moto di desiderio, guardando le mie cose di bambina, come se volessi rivivere l'infanzia e prestare attenzione a ogni piccolo cambiamento. Ho messo i vestiti e i giocattoli in una borsa da donare in beneficenza. La galleria era così lontana dai miei pensieri, in quel momento, che non mi sono degnata di leggere l'e-mail. Ora tiro fuori il telefono e scorro la mia casella di posta.

L'e-mail è del direttore della galleria, un uomo chiamato Gideon. È indirizzata a me, ma capisco che è stata inviata a tutti gli stagisti poiché il mio nome è scritto in un carattere leggermente diverso dal resto del messaggio.

> È un grande onore darti il benvenuto nel nostro spazio progettuale. Per favore, presentati alla reception il tuo primo giorno e l'addetto manderà qualcuno per te...

Il testo continua, prima di chiudersi più in basso con *con profonda gratitudine*. È una bella e-mail, ma non c'è niente su come entrare nell'edificio, e sembra che non ci sia nessun altro in giro, né del personale, né altri stagisti. Cerco l'OTA su Google e clicco sul numero che compare, ma mi accorgo subito della scritta "Chiuso – Apre martedì alle 12", che è dopodomani.

«Pronto?» arriva una voce dall'altra parte della linea.

«Salve» rispondo. «Sono una stagista all'OTA e sto cercando di entrare nell'edificio ma non c'è nessuno, qui.»

Dall'altra parte, c'è una pausa. Poi la voce domanda: «Lei è... Lydia?».

Aspetto di vedere se questa persona abbia intenzione di darmi istruzioni su come entrare, invece non lo fa. «Sì» rispondo.

«Che aspetto ha?» continua la voce.

«Eh? Parlo con la galleria, giusto?»

«Sì.»

«Okay...» Mi allontano di qualche passo dalla porta alla luce del sole per vedere se riesco a sbirciare attraverso una delle finestre. «Dunque, direi che ho i capelli scuri e sono una ragazza.»

«Una donna» mi corregge la voce.

«Scusi?» chiedo.

«Lei è una donna. Non dovrebbe definirsi una ragazza se è una donna adulta.»

«Oh, giusto. Scusi» ribatto. Sono stata chiamata "ragazza" da diversi uomini prima d'ora, e la cosa mi ha fatta sentire piccola, rimpicciolita, da trattare con condiscendenza. Ma non mi è mai stato rimproverato di definirmi a mia volta una ragazza. È strano, come se qualcuno mi stesse dicendo che ospito in me sia una persona capace di essere sessista sia un'altra che è vittima del sessismo. Ora, penso per la prima volta a come mi vedo io. Non mi vedo ancora esattamente come una donna. Sembro piuttosto giovane, dopotutto, forse intorno ai diciotto anni, quella fase della vita in cui si è davvero sospese tra l'essere una ragazza e una donna. Ma immagino che la mia particolarità stia nel fatto che dimostrerò questa età per il resto della mia vita, finché non avrò superato i cento anni e i duecento e oltre. Per questo motivo, in ogni caso, non mi sento *del tutto* una ragazza.

«Okay, ora posso vederla, lì fuori» dice la voce. Per un attimo, mi preoccupo di quanto siano trasandati i miei vestiti, ma la voce non ne parla. «Ha un top verde?»

«Sì, sono io» ammetto, alzando lo sguardo. Ma non ci sono ombre dietro nessuna delle finestre.

«Mi può salutare con la mano?»

«Okay» replico, e faccio un cenno nella direzione generale dell'edificio. La linea si interrompe e la porta emette un forte ronzio. È aperta. Entro.

La luce all'interno è fioca; ci sono fili di lampadine gialle appese nel corridoio, pile di sedie vicino all'ingresso, sacchi di cubetti di ghiaccio che sembrano aver già iniziato a sciogliersi e, alla mia sinistra all'ingresso, un teatrino di marionette in legno dipinto con strisce rosse, verdi e gialle.

«Salve, mi scusi» mi rivolgo a una donna che sta trasportando una grande scatola. Si gira per guardarmi. Mi sorprendo nel vedere che il bianco dei suoi occhi è arrossato. Sembra che abbia pianto di recente. Ha il naso rosso e la pelle a macchie.

«Salve» risponde. «Mi scusi...» e poi scompare dietro una grande tenda di velluto rosso più in là nel corridoio.

Il tema di questa mostra è l'arte popolare, e l'edificio, che di solito è uno spazio anonimo bianco a forma di cubo, è stato addobbato in modo da farlo sembrare un circo. Le pareti sono ricoperte da strani murales; all'altezza della mia testa, ci sono alligatori che mangiano trapezisti che, a loro volta, mangiano alligatori più piccoli. In grandi vetrine è esposto l'operato del famoso tassidermista e artista vittoriano Walter Potter. È allestito un banchetto di gattini rossi che forse una volta – prima di morire ed essere riempiti di fieno e poi messi a sedere su sedie in miniatura davanti a minuscole torte, bricchi di tè e samovar – facevano parte della stessa cucciolata. I loro occhi sono bellissime biglie nere scintillanti. Accanto al festino dei gatti c'è un altro Walter Potter: conigli che lavorano diligentemente ai banchi di un'aula in miniatura. È emozionante vedere questi lavori. Li conosco da anni; li ho studiati per i miei esami. Nelle fotografie, sembrano puliti e irreali. Da vicino, posso vedere le piccole fossette nella pelle degli animali, laddove si innestavano i loro muscoli. Riesco a sentire l'odore delle minuscole tracce di sangue centenario dentro di loro.

Un uomo mi supera di corsa. Si mette in spalla uno

degli enormi sacchi di ghiaccio e scompare attraverso la stessa tenda dietro la quale è passata la donna. Lo seguo.

Dall'altro lato, c'è una grande sala. Qui sono disposti tavoli da pranzo circolari, ricoperti da un'enorme quantità disordinata di roba: scatole di chiodi e viti, scartoffie, fiori secchi, piatti avvolti nei fazzoletti. Qualcuno sta segando un pezzo di legno in piedi su una piccola scatola per raccogliere le ciliegie; un uomo sta dipingendo un murale sul retro; stanno testando le luci. Sono luminose e poi fioche e poi luminose e poi di nuovo fioche.

«Uhm» dico a una donna che sta venendo verso di me, e lei scuote rapida la testa e si precipita oltre. Sento l'odore dei suoi capelli mentre mi sfiorano il viso.

Mi avvicino a una giostrina che gira molto lenta in un angolo; due uomini ne stanno discutendo con attenzione. Quando mi vedono, però, si fermano e uno dei due si allontana.

«Ehi» dico a quello rimasto accanto alla giostra. Lui annuisce.

«Sto cercando la reception.»

«Okay» replica, e appoggia contro il muro la scopa e la paletta a manico lungo. È di poco più alto di me, magro, ben rasato. Ha la pelle molto pallida e gli occhi grandi e umidi. Le iridi sono come due stagni sporchi. Indugiano sulla mia faccia per un attimo di troppo.

«Allora, che cosa sei?» chiede alla fine, asciugandosi le

mani sui pantaloni. E, per un momento, penso che sappia davvero cosa sono. Batto le palpebre. «Un'altra stagista?» aggiunge.

«Oh» dico. «Sì.»

Indica una porta. Aspetta che mi muova per prima, poi mi segue.

Camminiamo per un po' lungo un corridoio buio. «La reception è da quella parte» spiega l'uomo dietro di me. Non ha chiesto il mio nome, quindi io non chiedo il suo.

«Allora anche tu sei un artista?» domando invece, cercando di fare conversazione. Ma quando mi giro a guardarlo, lui scuote la testa e poi rilancia: «Tu?».

«Sì.» Mi sento un po' in colpa a dirlo, però, dato che in realtà non ho mai lavorato dopo la laurea. Non che abbia fatto granché in generale, da quando mi sono laureata. È come se, nell'anno che ho passato a casa con mia madre dopo il college – preoccupandomi per lei, cercando di tenerla al sicuro – non avessi davvero vissuto. In pratica, mi sono presa una pausa dalla mia vita per concentrarmi su quella di mia madre. Al momento, più che *essere* qualcosa, *spero* di esserlo. Non sono ancora un'adulta indipendente: mi auguro di diventarlo. Non sono ancora un'artista: spero di diventarlo.

«Mmm» mugugna. Adesso sta camminando accanto a me. È un corridoio piuttosto stretto e ci passiamo a malapena in due. Mi chiedo se si aspetti che rallenti per potermi sorpassare, o se stia cercando di farmi accelerare. Lo guardo con la coda dell'occhio. Indossa una camicia nera con un colletto alto che gli copre gran parte del collo, pantaloni formali e un gilet decorato. Mi sembra abbia l'aspetto di un vampiro piuttosto che di una persona normale.

Una volta che la reception appare nel nostro campo visivo, l'uomo si volta e torna da dove siamo venuti.

«Allora ci vediamo in giro, immagino» gli grido dietro, ma lui continua a camminare e non risponde.

La receptionist mi degna a malapena di uno sguardo. Grida verso una donna dai capelli biondi, il rossetto rosso acceso e un cappotto verde: «Un'altra per te» e quella risponde, scuotendo la testa, come se neanche fossi lì: «Cosa ci dovrei fare, con tutti loro?». La receptionist fa spallucce.

Seguo la donna lungo il corridoio, di nuovo nell'atrio, ancora una volta attraverso la tenda rossa, oltre i murales e i Walter Potter, e fino al teatro delle marionette vicino all'ingresso. Cammina molto veloce, poi si ferma bruscamente e dà degli ordini a voce alta a un uomo magro con la barba ben curata: «Caffè per Gideon. Niente latte! Ora, presto, vai!». Sembra stressata. Fissa il suo telefono. I pollici sfrecciano rapidamente sullo schermo.

«Okay» dice alla fine. Mi guarda. «Puoi occuparti della biglietteria o qualcosa del genere?»

«Che cosa?»

«Niente acqua, in nessun caso!» aggiunge, guardando la mia borsa. «Cosa c'è là dentro?»

«Oh, ehm...»

«Sbrigati!»

«Niente, solo libri, chiavi, credo un maglione... Oh, e anche il mio portafoglio, anche se una parte dei soldi è...» mi indico il piede, «... nel mio calzino.» Non so perché le stia spifferando tutto questo.

Scuote la testa con rabbia. «Allora, ci muoviamo? Entra.»

«Dove sto andando, esattamente?» chiedo.

«Nella cabina. Il teatro delle marionette. Su, entra!» e mi scaccia con la mano finché non apro la porticina laterale del teatrino che conduce a quello che suppongo possa essere definito un backstage.

«Va bene» replico. Osservo la parte anteriore del teatrino prima di entrare. Sopra il palco, c'è un cartello dipinto in vernice verde bottiglia e blu brillante che dice: IL NOSTRO FAMOSO SPETTACOLO DI MAZZATE, BASTONATE E PERCOSSE! IL PIÙ GRANDE DIVERTIMENTO IN RIVA AL MARE!

«Occupati dei biglietti e basta» ordina la donna, e sospira ancora una volta per poi scomparire dietro la tenda rossa, seguendo un paio di persone che trasportano piedistalli e attrezzi.

«Fuori dai piedi!» la sento gridare.

Chiudo la porticina dietro di me e mi siedo sullo sgabello di legno all'interno. Le mie gambe non ci entrano del tutto, dietro il palco. Si piegano goffamente verso l'alto, tanto che le ginocchia mi arrivano all'ombelico. Cerco di orientarmi.

Guardo il palco davanti a me. Il pavimento è attraversato interamente da minuscole assi e da piccole macchie laddove la vernice è stata grattata via, suppongo dai piedi delle marionette a contatto con il legno. C'è anche una piccola botola. Ai bordi del palco sono appesi alcuni burattini da muovere con la mano. Punch e Judy, con Punch che regge una mazza di legno enorme rispetto alle dimensioni del suo corpo, e Judy dipinta – e quindi costretta a rimanere così per sempre – con un'espressione spaventata sul viso. Tre pupazzi con teste di plastica più piccole e costumi di feltro sono legati insieme da una corda come fossero un mazzo di fiori, e anche loro sono appesi; sono il re, la regina e il diavolo.

Da quello che ho visto, solo alcune delle opere in mostra hanno etichette con i nomi degli artisti. Alcuni pezzi sono accompagnati soltanto dalle parole ARTEFATTO ABORIGENO – la parola "artefatto" si presenta come una versione ridotta di "arte". Altri, come questi pupazzi e questo teatrino, non hanno alcuna etichetta. Le parole FOLK ART sono affisse in lettere ritagliate nella latta e dipinte con colori vivaci in alto sul muro dall'altra parte del corridoio.

"Arte del popolo", eppure solo alcuni degli artisti diventano un singolo individuo a sé stante, mentre il resto fa parte della collettività del popolo. I pupazzi sono soltanto pupazzi, come se nessuno li avesse creati. Per come sono appesi, l'assenza della mano di una persona al loro interno diventa ancora più intensa e triste. Ho messo la mia mano in ognuno di loro, uno per uno, animando le piccole braccia del re, poi della regina e, infine, del diavolo.

C'è un burattino che sembra diverso dagli altri. È nascosto nell'angolo della cabina, quindi non è visibile dall'esterno. È una strana donna vestita di scuro con una testa grande, pesante, di un colore cupo, scolpita nel legno. È una marionetta con il guanto per la mano di chi la anima, e quindi non ha gambe. Ha capelli selvaggi simili ai miei, e un grande naso adunco e un mento largo, tra i quali la bocca quasi scompare. Per qualche ragione, sono attratta da lei. La prendo in braccio e me la metto in grembo. La mia mano si adatta perfettamente al suo busto. Il pollice e il mignolo riempiono le sue piccole braccia; le mie tre dita di mezzo occupano del tutto lo spazio dentro la sua testa.

«Dunque, siamo solo io e te» le sussurro.

«Okay!» La immagino rispondere con entusiasmo. «Ce la possiamo fare!»

Trovo un rotolo di biglietti in un piccolo scompartimento sotto il palco dove mi sembra ci sia stato un cassetto, un tempo, e lo tengo stretto. Sono essenzialmente come biglietti della lotteria. Ognuno ha un numero stampato sopra. Li tengo in una mano mentre con l'altra sollevo la testa del burattino.

Questa parte sembra più tranquilla rispetto al resto della galleria. Di tanto in tanto, alcune persone emergono dalla tenda rossa per prendere qualcosa dalla porta d'ingresso e poi scompaiono di nuovo. Per quattro volte, qualcuno arriva dalla porta principale, e penso per un attimo che possano venire da me nel teatrino, per salutarmi o, se fossero degli stagisti, per chiedermi dove andare, ma loro vanno dritti verso la tenda rossa e sembra che non mi notino. Resto comunque seduta, immobile, cercando di sembrare professionale, sorridendo a tutti anche quando non mi guardano - anche alle loro teste voltate - e stringendo i biglietti.

A un certo punto, un uomo irrompe attraverso la tenda rossa e la batte con le mani mentre gli ricade in faccia, come se fosse una seccatura. Lo riconosco subito; è il tizio che mi ha portato alla reception, quello che sembra un vampiro. È seguito da vicino da un folto gruppo di persone che poi si stringono intorno a lui, tenendo in mano varie cose che sembrano appartenergli. Alcuni stanno prendendo appunti, mentre la donna bionda che mi ha detto cosa fare gli sussurra qualcosa all'orecchio. L'uomo annuisce di tanto in tanto in risposta a qualunque cosa lei gli dica, e poi ordina agli altri di muoversi. Alcuni tornano indietro oltre la tenda, e gli altri stanno con lui mentre si china a guardare attraverso il vetro i gattini che fanno il loro *tea party*. Alla fine, il gruppo si sposta lungo il corridoio, dove ci sono io alla biglietteria o al teatro delle marionette o qualunque cosa sia, e si volta in massa verso di me. Apro la bocca, sto per parlare, però qualcuno più in là nel corridoio mi batte sul tempo: «Scusa, Gideon. Ecco il tuo caffè». Uno dei membri del gruppo se ne distacca e porta il caffè all'uomo. Lui lo accetta, senza ringraziare nessuno. Non me n'ero accorta, prima, ma è lui il direttore della galleria. Ho già visto le sue foto, eppure nella vita reale ha un aspetto diverso. Ora mi guarda con un'espressione strana e fredda, come se neanche fossi qui.

È un'esperienza molto strana. Mi tengo stretti i biglietti, pronta a offrirli. Continuo a sorridere e fisso davanti a me. Aspetto che il gruppo mi parli, ma Gideon mi guarda solo per un istante, mentre la donna bionda gli sussurra all'orecchio. Poi annuisce e si volta; tutti lo seguono e scompaiono in gruppo dietro la tenda. Non sono sicura di aver superato il test. Non sono neanche sicura che *fosse* un test. E se lo era, posso dire di essere passata? Se così non fosse, forse Gideon avrebbe scosso la testa o fatto qualcosa di violento, come afferrare il teatrino e scuoterlo con me dentro. Mi sento vagamente – nel bel mezzo della mia generale sensazione di confusione – orgogliosa di me stessa.

Mi sembra di essere rimasta seduta in cabina per ore.

Sono magra e quindi il mio sedere è piuttosto ossuto; tutte le sedie mi fanno male, alla fin fine, perciò è difficile capire da questo dolore sordo quanto tempo sia trascorso. Ma deve esserne passato un bel po' perché, quando un uomo entra dalla porta e posa sul pavimento vicino all'ingresso alcune casse di quelle che sembrano bottiglie di vino vuote, fuori è buio. Per un attimo vedo la luna nello spiraglio della porta socchiusa, prima che venga richiusa.

«Come va?» chiedo al burattino.

Giace ancora sulle mie ginocchia, di nuovo vuoto, la mia mano al suo fianco. Appoggio la testa contro il lato della cabina. Mi sento stanca. La testa ha preso a dolermi. Il mio stomaco brontola.

Suppongo che non fosse esattamente questo, ciò che mi aspettavo dallo stage. La descrizione del lavoro diceva che avrei seguito un curatore e imparato come gestire la galleria e l'allestimento delle esposizioni. Diceva che avrei potuto implementare alcune delle mie idee se ne avessi sviluppata qualcuna durante lo stage, nel qual caso sarei stata anche pagata per il mio lavoro. Un paio di mesi fa sono andata in un bellissimo ufficio vicino a St James's Park che, così mi è stato detto, l'OTA usa ogni volta che lo spazio della galleria è in fase di allestimento per la mostra successiva, e una signora gentile al colloquio mi ha chiesto della mia attività e mi è sembrata sinceramente interessata. Ha detto che avrei di sicuro "avuto qualcosa da offrire all'istituzione". C'erano biciclette dall'aspetto elegante e dai telai sottili affisse al muro, e bei gioielli sulle mani della donna, e avevo pensato tra me e me che, forse, un posto in quella stanza sarebbe stato il passo successivo nel viaggio verso l'apertura di qualcosa di mio.

Studio il burattino che ho in grembo. Ha un viso estremamente caratteristico. Decido di chiamarla Lydia, come me. Poi guardo oltre il palco, abbassando un po' il capo in modo da poter vedere il tutto dalla prospettiva di una marionetta. «Uh» dico. Muovo la testa sul palco a sinistra e poi a destra, immaginando una mano nel mio cranio che mi dica cosa fare.

«Ehilà?» mi arriva una voce stressata dalla direzione della tenda rossa. Mi metto subito a sedere. «C'è ancora qualcuno nel teatrino?» È la donna con i capelli biondi. Si avvicina. I gattini impagliati tremano sulle loro sedie mentre lei batte i piedi sulle assi del pavimento su cui poggia la loro teca. «Cosa diavolo fai, lì?»

«Uhm» comincio. «Sto badando al...»

«Perché non hai dato una mano? C'è così tanto da fare prima dell'inaugurazione!»

«Io...» ribatto. «Mi... dispiace?»

«DEN!» urla lei, e un uomo alto con la barba e le spalle larghe appare timidamente nello spazio tra la tenda rossa e il muro. Per un momento, cerca un contatto visivo con me. Mi sento come se fosse la prima volta in tutto il giorno che qualcuno mi vede per davvero. Ho l'acquolina in bocca. Il suo collo sottile, come coperto di carta velina, spunta dal colletto della camicia alla coreana. Sposto lo sguardo di nuovo sulla donna, che ha gli occhi chiusi come se fosse arrivata al limite della sopportazione e non fosse più capace di guardare nulla.

«Den! Che ti avevo detto? Puoi per favore controllare per bene tutti i balconi e le stanze per le fottute pecorelle smarrite? ORA!»

«Posso dare una mano adesso, se vuole» dico a voce molto bassa; mi rendo conto che sto alzando la mano come fossi a scuola, biglietti e tutto.

«Ora non c'è più tempo, no?» ribatte, scuotendo la testa con le sopracciglia inarcate. Abbasso il braccio. «Non ti resta che andare a casa per oggi, no?»

«Be'...» inizio, «non so. Immagino di sì. Ma pensavo mi avesse detto di occuparmi dei biglietti. Così io... io... voglio dire, è ciò che ho fatto.»

La donna non smette di scuotere la testa. «Onestamente, non so cosa rispondere.» La sua voce è molto acuta. Se ne va attraverso la tenda rossa.

Rimango seduta sul mio sgabello nella cabina per un po'. Batto le palpebre. Guardo il burattino che ho in grembo. Mi vergogno che mi veda così. Confusa. Incapace di difendermi. Debole e piccola. Metto via il rotolo di biglietti, mi alzo in piedi, raccolgo lo zaino da terra e, nel farlo, urto con la testa il palco, poi apro la porticina. Esco e sto per rimettere il burattino dove l'ho trovato quando le mie braccia e le mie mani iniziano a muoversi, quasi di loro spontanea volontà, come se non le stessi affatto controllando. Non sono sicura di quale metà mi stia guidando – se l'umana o il demone in me – ma apro lo zaino e ci infilo delicatamente il pupazzo, a testa in giù. Le arrotolo un po' il vestito affinché ci entri, e poi chiudo la cerniera.

Gesù Cristo, cazzo, cosa sto facendo?, penso tra me e me.

Va tutto bene, va tutto bene, mi risponde una voce nella testa. Nessuno ne sentirà la mancanza. Tienila solo per stasera. Puoi rimetterla a posto più in là.

Verrò licenziata se lo scopriranno, penso.

Non puoi essere licenziata da uno stage. E non lo sapranno mai.

Mi guardo intorno. Qualcuno mi ha visto? C'è un uomo vicino ai Walter Potter, che guarda i conigli scolari da un lato, accigliato, ma sono certa che non si è nemmeno accorto della mia presenza, come la maggior parte delle persone, oggi. Ne ho la prova quando esco, con il mio zaino sulla schiena e dentro il burattino. «Arrivederci» grido, e l'uomo non risponde.

3

Voglio essere una brava persona. Credo che in molti se ne rendano conto quando si ritrovano a vivere da adulti per la prima volta. Vedono gente che ha meno di loro e capiscono che la cosa che vogliono di più non è necessariamente essere ricchi o di successo, ma buoni. Non penso che la decisione di mia madre di non bere sangue umano, e di allevarmi in modo che non lo bevessi nemmeno io, derivi dal desiderio di essere buona. È sempre stata un'espressione della sua mancanza di autostima. Diceva che non meritava le cose; non meritava di saziarsi, di provare il sangue di un animale più nobile del maiale, come il cavallo o anche la mucca; non meritava la felicità e nemmeno me, e io a mia volta non meritavo né il cavallo né la mucca né la felicità a causa di ciò che era in me e che era passato dal suo corpo al mio. «Non dovremmo mai dare al diavolo più di ciò che gli basta per sopravvivere» mi ha detto una volta. «E questo è il demone in noi. Noi mangiamo solo per mantenere in vita il lato umano», perché negare il sostentamento al lato umano significava condannarlo a morte, e quello sarebbe stato un peccato peggiore che la nostra esistenza. Io voglio essere buona, però. Non so per certo da dove venga questo desiderio, forse da mio padre, la cui vita e persona devono essere preservate da qualche parte dentro di me.

Il burattino che ho preso ieri è nella mia mano. So che non è stato un bel gesto, prenderlo. Ma ora che è nel mio studio, mi sento in pace e contenta, qui, meno sola. Ieri sera ho provato a cercarlo su Google, caso mai fosse prezioso o opera di un artista famoso, nel qual caso suppongo che probabilmente dovrò restituirlo, ma era difficile sapere davvero cosa cercare. Ho digitato "Burattino donna con la testa di legno scuro" e mi sono usciti quasi venti milioni di risultati. Sono anche passata alla ricerca per immagini, ma a quanto pare la tecnologia non è poi così avanzata, poiché i pupazzi che ha tirato fuori sembravano tutti completamente diversi dal mio; per la maggior parte erano pupazzi maschili e scolpiti in legno di pino chiaro, o avevano semplicemente teste di plastica beige come il re, la regina e il diavolo nella galleria. Ho rinunciato alla mia ricerca a un certo punto della mattina, sul presto; ho messo su un episodio di *Buffy* e mi sono addormentata con il burattino in mano, sdraiato sul mio stomaco, i suoi occhietti luccicanti aperti.

Mi alzo e sul telefono ci sono tre chiamate perse, tutte di stamattina. Provengono da un numero non salvato e non da un cellulare, quindi non posso inviare messaggi per chiedere di chi si tratti, come preferirei fare. Devo chiamare, invece. Sono sdraiata sul pavimento, il burattino ancora in mano, quando premo il pulsante Richiama.

«Salve, Crimson Orchard, come posso aiutarla?» mi saluta una voce di donna.

«Oh» dico.

Mi metto a sedere, il che è un po' complicato poiché il telefono è in carica, attaccato alla presa a muro. Mi libero del burattino, adagiandolo dietro la mia schiena, come se la persona all'altro capo del filo potesse in qualche modo vederlo attraverso il telefono.

«Pronto?» domanda la donna.

«Salve, mi scusi.» Sposto il sedere qui e lì affinché il cavo del caricatore non si tenda sul mio collo. «Penso che il medico di mia madre mi abbia chiamato stamattina. Mia madre è una residente.»

«Okay. Come si chiama il dottore che se ne occupa?»

«Dottor Kerr» rispondo.

«Mi permetta di metterla in attesa, intanto che vedo se è disponibile» dice la donna, poi la sua voce viene sostituita dalla cover di una canzone pop di un paio di anni fa.

Metto il telefono in vivavoce e lo appoggio sulla sporgenza della presa di corrente. Mi sdraio – il cemento è molto freddo – e poi rotolo sul pavimento come una salsiccia fino a quando non mi ritrovo nel mezzo della stanza, e poi rotolo indietro. Rotolo di nuovo, arrivata al *bridge* della canzone, e mi fermo con la schiena contro il pavimento. Sollevo il braccio in aria finché non trova equilibrio da sé e non devo fare alcuno sforzo per tenerlo lì. Di solito, se devo aspettare qualcosa, guardo il telefono, ma è dall'altra parte della stanza e mi sento a mio agio qui, quindi non posso farlo. È stranamente liberatorio. Osservo le vene della mia mano. Mi chiedo quanto sangue sia rimasto nel mio organismo, a questo punto – forse non molto, anche se le vene sono ancora verdi come germogli di piante. Batto la testa contro il cemento alcune volte finché non comincio a sentire un leggero dolore nella parte posteriore del capo che sembra attenuare il mal di testa che già ho. Immagino che effetto farei a chiunque dovesse entrare e vedermi, e rido tra me e me.

«Pronto, Lydia?» mi raggiunge una voce al telefono.

Attraverso in fretta la stanza. «Pronto?» dico, avvicinandomi il cellulare all'orecchio e cercando di disattivare il vivavoce.

«Salve, Lydia, sono il dottor Kerr. Ho provato a chiamare un paio di volte, stamattina. È sempre questo il numero migliore per contattarla?»

«Sì, mi scusi, ero...»

Il dottor Kerr mi interrompe. «Va bene, grazie, Lydia. Ne prenderò nota. Ora...» C'è un momento di silenzio e poi prosegue: «Sua madre...».

Mi rendo conto che sta aspettando che io gli confermi di essere in ascolto. «Sì, mia madre» ripeto.

«Temo che abbia trovato un po' difficile adattarsi alla vita di qui.» Il tono del dottor Kerr è cambiato. Ora sta parlando molto piano.

«Okay, quindi...?» replico.

«I suoi deliri sono diventati più gravi e... be'...» Il dottor Kerr si schiarisce la gola. «Potrebbe essere un po' scioccante per lei sentirselo dire, Lydia, ma ieri ha morso una delle infermiere sull'avambraccio.»

«Dio mio. Mi dispiace tanto.»

«No no, per favore, non si preoccupi» mi rassicura il dottor Kerr. «A volte, purtroppo, cose del genere accadono con i nostri pazienti malati di Alzheimer, o che soffrono di una certa ansia, perciò siamo abbastanza abituati ad affrontare questo tipo di avvenimenti. Per fortuna, non c'è stato alcun sanguinamento e ha lasciato solo alcuni lividi. Ma questo è un comportamento che vorremmo aiutarla a contenere.»

«Giusto» confermo. «Certo.»

«Posso chiederle se sua madre ha mai avuto tendenze violente da quando ha ricevuto la diagnosi?»

«No.»

«Okay. Quindi questa è la prima volta» afferma il dottor Kerr. Sembra che stia prendendo appunti.

«Sì.»

«Per favore, resti in linea per un momento, Lydia. Torno tra un attimo.» Il telefono emette un segnale acustico e io abbandono la testa contro il muro. Chiudo gli occhi.

A mia madre è stato diagnosticato un "probabile morbo di Alzheimer" diversi anni fa, ma non credo che ne sia davvero affetta. Non penso che un vampiro possa sviluppare quella malattia. Con mia madre si tratta di qualcosa di psicologico, una specie di crisi di mezza età, un dimenticare chi è e, a volte, anche *che cosa* è. Mia madre ha avuto malattie gengivali quando era completamente umana e con il tempo, negli ultimi due secoli, i suoi denti, l'uno dopo l'altro, sono caduti. L'ultimo, un molare aguzzo e appuntito, le è scivolato via mentre dormiva una notte di quando io avevo circa vent'anni, e al mattino era lì sul suo cuscino – l'ultima parvenza del suo corpo di demone, mi aveva detto, che Dio aveva strappato dalla sua bocca, riconoscendo il fatto che non stesse più compiendo azioni peccaminose. Un traguardo. Aveva ringraziato Dio per aver rimosso quel simbolo di tentazione dal suo corpo. Ma con quel dente, penso, se n'è andato qualcos'altro.

Nonostante mia madre non abbia mai cacciato vittime nel corso della sua vita, ha sempre avuto accesso a quella potenza fisica, che si manifestava nei suoi denti affilati. Dopo aver perso anche l'ultimo, però, è diventata un po' confusa. E, ora che ci penso, ha senso – perché nei nostri denti si cela la capacità di porre fine a un'esistenza, il che significa anche che ogni giorno noi decidiamo di *non* farlo, esercitando il nostro potere di preservare la vita. Una volta persi i denti, è svanita così pure l'identità di mia madre in quanto vampiro che ha scelto di non usarli.

Dopo che le è stata applicata la dentiera – denti di porcellana dai bordi smussati disegnati sull'impronta presa da un essere umano – è diventata più propensa a dimenticare chi fosse e a immaginare di essere umana. È uscita di casa in numerose occasioni, a volte alla ricerca di una piantagione di gomma vicino alla sua casa d'infanzia in Malesia, e alla fine un brav'uomo che portava a spasso il suo cane l'ha notata osservare le auto con uno sguardo allarmato sul viso, e ha chiamato un'ambulanza per lei.

Mi sono risentita con mia madre per diverse cose. Quando ha perso i denti, ma io avevo ancora i miei, mi ha detto che di certo stavo peccando a sua insaputa, perché altrimenti Dio li avrebbe tolti anche a me. Tuttavia, il pensiero che un giorno uscisse di casa, si perdesse e non ritornasse – il pensiero di non vederla mai più – era troppo da sopportare. Così ho trovato questa casa di cura per lei, un posto dove posso tenerla d'occhio, senza che la mia vita venga limitata. Ma forse è stato un errore.

«Pronto? È lì, Lydia?» dice ora il dottor Kerr.

«Pronto?»

«Mi scusi per l'attesa» riprende. «Allora, di norma non permettiamo ai membri della famiglia di parlare con i residenti per almeno una settimana dalla data del loro ricovero...»

«Sì» confermo. «Va bene così, non è un problema.»

«In realtà, abbiamo discusso del caso di sua madre e io e gli altri medici riteniamo che, poiché ha qualche difficoltà ad abituarsi alla vita di qui, e poiché questo è un suo nuovo comportamento, potrebbe essere meglio che parli a qualcuno della famiglia, se lei è disponibile.»

«Oh» dico, cercando di non mostrare la delusione. «Okay.»

«Molto bene» risponde il dottor Kerr. «Quando andrebbe bene per lei?»

Guardo il burattino. È sdraiato supino sul pavimento con le braccia distese ai lati. Il modo in cui le ombre cadono sul suo viso mi dà l'impressione che abbia un sorriso appena accennato sulle labbra. Mi allontano dalla bambola. «Dopodomani?» domando; per quel giorno mi è stato chiesto di andare in galleria al pomeriggio: al mattino potrei scendere al fiume, trovare una panchina e da lì chiamare Crimson Orchard.

«Va bene, ci vediamo in sala d'attesa. Riuscirebbe ad arrivare qui per le dieci e mezzo?» chiede il dottor Kerr.

«Oh» sospiro. Guardo alle mie spalle verso il burattino; è straordinario come la luce dello schermo del mio telefono abbia trasformato la sua espressione: mi sta decisamente sorridendo, forse sta persino ridendo, adesso. «Vuole davvero che venga lì?»

«Penso che sarebbe la scelta migliore, considerando la situazione.»

«Sì. Va bene.»

«Okay, fantastico. Grazie, Lydia. Ci vediamo, allora.» Riaggancio.

Mi sdraio di nuovo sul pavimento. Trovo una posizione comoda, il braccio piegato in modo strano ma rilassato, le gambe intrecciate, e poi mi dondolo.

A volte mi sento ancora una bambina. In posizioni come questa, posso chiudere gli occhi e immaginarmi di nuovo nel mio letto, e posso figurarmi ancora nel minuscolo corpicino che avevo all'età di quattro anni, e infilarmi nel mio vecchio piumone di Snoopy e ripensare all'avvallamento del materasso che, anche se avevo gli occhi chiusi, mi svelava il punto in cui mia madre si era seduta.

A volte, nonostante tutto quello che diceva, sono certa che mi vedeva come un essere umano. Talvolta mi guardava dormire – cosa che so perché, di solito, non dormivo davvero ma facevo finta – e, mentre ascoltavo il suo respiro, immaginavo che fosse umana, che fossimo normali come i miei compagni di scuola con i loro genitori, che non dovessimo odiare parti di noi per continuare a vivere in società; che la mattina la mamma avrebbe preparato la colazione per me: toast con il burro, un uovo ritto nel portauovo, un bicchiere di succo d'arancia. Invece al mattino c'era sangue di maiale, ancora e ancora e ancora e ancora e ancora, nella mia solita tazza che aveva le fattezze del corpo di Totoro e, per tenere caldo il sangue, un coperchio che era l'estremità del suo capo, con le piccole orecchie rivolte all'insù. A un certo punto, mi sono resa conto che non era poi così giusto che ci sentissimo diverse, dal momento che gli umani mangiano le uova – essenzialmente le mestruazioni degli uccelli – un genere di sostanza vivificante proprio come qualsiasi tipo di sangue.

Prendo il burattino e lo osservo, il suo viso è adesso nella sua abituale espressione neutra. Mi giro sul fianco. Il burattino è sdraiato con la testa sul mio braccio, rivolto nella mia stessa direzione in modo che possa vedere lo schermo del mio telefono. Apro YouTube e cerco "Cosa mangiare in un giorno", il mio punto di riferimento quando sono stressata. Ci sono molti suggerimenti per termini di ricerca più specifici.

Cosa mangiare in un giorno modella
Cosa mangiare in un giorno per perdere peso
Cosa mangiare in un giorno fruttariano
Cosa mangiare in un giorno giapponese

Cosa mangiare in un giorno vegano
Cosa mangiare in un giorno coreano
Cosa mangiare in un giorno guarigione disturbi alimentari
Cosa mangiare in un giorno adolescente
Cosa mangiare in un giorno come corridore
Cosa mangiare in un giorno come persona grassa
Cosa mangiare in un giorno rilassamento sensoriale
Cosa mangiare in un giorno alimentazione intuitiva
Cosa mangiare in un giorno Bollywood

Scelgo "Cosa mangiare in un giorno modella". Mi sembra di rifugiarmi, seppure per poco, nella vita di un essere umano particolarmente attraente. Adagio il telefono contro le dita in modo da non stringerlo troppo e mi rilasso. "Inizio sempre la giornata con una tazza di acqua calda con una fetta di limone" dice Mina, una modella finlandese. È nel suo studio, che ha grandi finestre e molta luce naturale. "E poi mangio un muffin preparato con Jake nel fine settimana. Sono davvero buonissimi e salutari: farina di cocco, semi di chia, banana, noce e spirulina, che non ha sapore ma fa davvero, davvero bene. E ci metto sopra un po' di burro di mandorle..."

Non so cos'abbiano, questi video, che me li fa trovare così rilassanti. A volte, mi dico che il mio è un esperimento antropologico, qualcosa che faccio per capire meglio gli esseri umani, o forse il mio stesso lato umano. Suppongo che il cibo sia una parte della vita che la maggior parte degli umani è in grado di controllare. Si dà molto potere al cibo: può rendere una persona più o meno attraente; migliorare o danneggiare la pelle; far diventare il corpo più affascinante; aiutare a rinforzare i capelli e le unghie; può guarire o uccidere lentamente. C'è anche cibo pulito e cibo sporco: se mangi bene, il messaggio è che sei una persona pulita e pura; se mangi male, sei sporco e impuro. Se perdi il controllo della tua vita, puoi ritrovarlo nel cibo. Questo video di Mina dà l'impressione di essere educativo. Molti assumono quest'impostazione, come per dire: se mangi come me, diventerai me.

Ne guardo un altro paio. I miei preferiti sono quelli culturali, perché danno la strana sensazione di essere manuali di istruzioni per diventare della stessa etnia della persona nel video. Uno dei miei preferiti ha oltre sei milioni di visualizzazioni e combina la categoria "cosa mangiare" con le categorie "in una settimana", "cibo giapponese", "realisticamente", "adolescente" e "rilassamento sensoriale". Guardo per venticinque minuti interi una ragazza a Tōkyō con i capelli tinti color rosso vino che sfumano in rosa mentre mangia salsicce, toast, una salsiccia giapponese, impanata e fritta, preparata con un mix per frittelle imbevuto di ketchup; ramen di sesamo con un uovo al centro, pizza, *udon* saltato in padella, insalata di alghe e riso d'orzo, tapioca e gelato al tè nero, salmone glassato alla soia su un letto di pudding di riso, *bubble tea* al latte perlato. Ogni volta che mangia, il microfono si concentra sui suoni che emette mentre beve, mastica, sgranocchia. Quando sorseggia il suo *bubble tea*, si sente un forte schiocco mentre la cannuccia attraversa il coperchio e il suono di un sorso. *Gulp*, sorso, sorso. Mi rendo conto che sto inghiottendo il video, immaginando che il *bubble tea* sia sangue. Clicco sul nome della youtuber e guardo alcuni dei suoi altri video.

Mi chiedo spesso che tipo di cibo vorrei se fossi del tutto umana. Mangerei di proposito cibo giapponese, per rafforzare quella parte d'identità tramandata da mio padre, o lo rifiuterei per riempirmi di quanto più cibo britannico possibile? Verdure e radici coltivate nel suolo britannico, pesce pescato nei mari britannici, carne di animali tenuti negli allevamenti britannici, nei paesaggi britannici - colline ricoperte di fiori di campo ed erica, montagne di ardesia, campi pianeggianti gialli e verdi, piccole fattorie, gente in stivali di gomma con diversi cani al guinzaglio tutti ammucchiati, bianche scogliere sullo sfondo? Non mi è mai piaciuto sembrare diversa, crescendo dove sono cresciuta. Venivo presa in giro per il mio aspetto, che era il risultato di un incrocio di così tanti posti che una caterva di soprannomi prese a seguirmi nel parco giochi, appellativi affibbiati alla gente in tutto il mondo: nippo, giappo, cinesina, eskimo, paki, scimmia, mangiatrice di cani, assassina di balene. Ma poi, c'era anche una sfumatura argentea sulla mia pelle, dietro il marrone chiaro o forse al di sopra, traslucida; dà l'impressione che la mia pelle sia stata scolpita nella terracotta e spazzolata con una vernice trasparente mischiata con una punta di grigio.

A volte avverto disgusto quando osservo le persone che mangiano cibo; altre, invidia. Mi piacerebbe poter provare e assaporare tutto, capire l'esperienza umana nella sua interezza attraverso il cibo. Ma mi piace anche pensare di poter mangiare in un modo che non mi renda partecipe né causa di maltrattamenti, né agli animali né agli altri umani. Dai video che ho visto, è più difficile di quanto sembri; pare che ci sia sempre qualcosa che soffre o muore a causa di qualsiasi forma di consumo del cibo, e una volta che tutta la sofferenza è stata eliminata dalla dieta di un essere umano, quest'ultimo non può sopravvivere da sé. Mi piacerebbe, però, poter andare in cerca di cibo – raccogliere il rosmarino che cresce vicino alla casa di mia mamma, i fiori di tarassaco e le loro foglie che ho visto sul piccolo fazzoletto d'erba fuori dal condominio – e poter mangiare i cibi coltivati dagli artisti in questo edificio: i funghi, i pomodori, le erbe aromatiche. Mi piacerebbe, inoltre, poter andare in un normale negozio e comprare i miei alimenti, togliere un coperchio di alluminio e plastica da una scatola di polistirolo e buttarmi sulla mia cena, come può fare un essere umano con il ramen istantaneo. Chiudo YouTube.

Mi giro sulla schiena e fisso il soffitto. Oggi non c'è bisogno di me in galleria. In realtà, mi sembra di non essere stata particolarmente necessaria neanche ieri, quando invece mi era stato detto il contrario. Mi aspettavo di entrare a un'ora prestabilita e magari di affiancare ogni giorno un membro diverso del team dei curatori. Ma è andata a finire che, ogni tot giorni, ci viene comunicato se serviamo o meno; tutti noi stagisti lavoriamo in momenti diversi e nessuno sembra davvero imparare qualcosa, agendo solo come personale di sorveglianza part-time, ma non retribuito.

Apro Facebook e scorro il mio feed. Ci sono un bambino che taglia una torta, una macchina nuova, un matrimonio, un piccione ferito alle spalle dell'alimentari Morrisons a Margate, un gatto su un divano, sdraiato sulla schiena. Digito il nome di Ben nella barra di ricerca, con il cognome che trovo sul pezzo di carta che mi ha lasciato. Il suo profilo è privato, ma posso guardare le sue foto in evidenza. Comincio con la più grande, in cui indossa l'uniforme scolastica – una cravatta blu e gialla deliberatamente allentata e disordinata, e un blazer blu; ha lunghi capelli flosci e un viso grassoccio da bambino; ci sono firme e messaggi su tutta la maglietta, doveva essere l'ultimo giorno di scuola. Passo in rassegna le altre foto, una per una, guardandolo crescere e cambiare costantemente, il suo viso che diventa appena più magro e definito, per poi concludere con una foto taggata con la location "Tempelhof", a Berlino, in cui tiene un panino tondo al vapore davanti alla faccia, in modo che la copra interamente.

Poi, guardo i profili di persone a caso della mia scuola, gente che non ho mai conosciuto davvero, ma con cui sono amica su Facebook – gente che si sposa, fa riunioni, mangia fuori insieme, e poi il ragazzo con cui ho condiviso un monolocale all'università e che ora è a Taiwan e che, nella sua foto profilo, è davanti a un negozio che pubblicizza torte all'ananas in vetrina. Tutto sembra riportare al cibo. Apro le mie e-mail con fare distratto. Quando la mia casella di posta si aggiorna, vedo che ho due messaggi dal corriere Hermes. *Abbiamo consegnato il tuo pacco*, dice uno dei due. Mi metto a sedere. È il sangue secco di maiale. Il mio stomaco, come se avesse capito, gorgoglia. L'altra e-mail dice: *Il tuo pacco è nel posto sicuro di tua scelta*.

Il burattino cade a terra con un tonfo. Non ho designato nessun luogo sicuro.

Mi alzo, improvvisamente consapevole del vuoto abissale nel mio stomaco, prendo le chiavi, mi metto le scarpe ed esco dal monolocale.

La donna che ho visto l'altro giorno con un casco da bici appeso al braccio è fuori dal suo studio, nel corridoio.

«Ehi» mi saluta.

«Ehi» rispondo. «Scusa, io...» e indico la porta d'ingresso. Lascio cadere le chiavi appena esco alla luce del sole.

La mia fame, che era scomparsa durante la notte, è tutto ciò a cui riesco a pensare, ora. Quando ero un'adolescente, potevo passare diversi giorni senza mangiare, finché non mi sentivo del tutto separata dal maiale – il suo sangue non era più nelle mie vene e le mie vene erano così vuote che, dato che non passava niente dalla mia laringe, non potevo nemmeno parlare – e poi, se si trattava di consumare il mio primo pasto dopo un po' di tempo, anche quando il cibo mi veniva posato davanti, mangiavo con riluttanza, e soltanto per gradi mi rendevo conto di avere delle vene e uno stomaco che avevano bisogno di nutrirsi. Suppongo che questo sia cambiato, con l'età adulta. Adesso, non mangiare per un lungo periodo di tempo è come una prova di resistenza: la voglia di nutrirmi, quando vedo il cibo, è opprimente.

Vengo subito presa dal panico: che il mio cibo non sia stato consegnato; che sia tornato all'ufficio di smistamento e non mi venga permesso di prenderlo fino a una certa ora di domani in cui l'ordine sarà processato; che sia ancora nelle mani del corriere, portato in giro senza meta per Londra; che venga riportato al luogo di provenienza; che io debba vivere i prossimi giorni in una fame non prevista che sfocerebbe in un silenzio non previsto che arriverebbe inevitabilmente nel momento peggiore possibile, quando forse qualcuno alla Lontra deciderà di parlarmi, quando forse avrò l'opportunità di parlare di nuovo con Gideon, quando forse cercherò di scusarmi per come ci siamo incontrati e per il fatto che non l'ho riconosciuto. Mi accovaccio davanti allo sgabuzzino ma, come sospettavo, non c'è il pacco; non c'è niente. Frugo comunque dappertutto sui due scaffali all'interno, ma tutto quello che c'è sono solo alcune foglie di rose essiccate, credo, risalenti a un qualche momento in cui qualcuno nell'edificio ha ricevuto dei fiori.

Mi appoggio al muro. Apro di nuovo le e-mail.

La seconda mi dice di accedere al mio account per vedere dove è stato lasciato esattamente il pacco. Apro il browser e cerco Hermes. Clicco sul pulsante di login nella loro homepage ma, quando inserisco il mio indirizzo e la solita password che uso letteralmente per tutto, la pagina mi restituisce il messaggio: "Indirizzo e-mail non riconosciuto. Crea un account qui".

«Cazzo!» sbotto. «Porco cazzo.»

«Stai bene, Lyd?» dice una voce. È Ben, che spinge una bicicletta e si avvicina alla porta d'ingresso dello studio. Indossa un impermeabile.

«Cosa?» replico. Lo squadro dalla testa ai piedi. «Non sta piovendo, perché cazzo indossi...?» Mi sento stranamente arrabbiata. Indico la sua persona, muovendo la mano su e giù.

«Stai bene?» ripete Ben. I suoi occhi sono spalancati. Riesco a vedere tutti i minuscoli vasi sanguigni che di norma verrebbero coperti dalle sue palpebre.

«Sì, sto solo...» Cerco di digitare di nuovo la mia password, nel caso in cui abbia sbagliato, e il telefono mi scivola dalle mani e cade a terra a faccia in giù. Ben si china per recuperarlo, spolvera lo schermo e me lo restituisce. Poi mi mette una mano sul braccio. È molto, molto calda, anche attraverso la mia maglia. È davvero forte. La sua presa è salda. Guardo in alto. E poi lo vedo, per un attimo, in tutte le sue diverse forme, il suo viso che cambia nella mia mente come un flip-book, dal panino al vapore al bambino in uniforme scolastica, il nodo della cravatta sotto il mento, le guance paffute, tutto arrossato e infantile.

«È successo qualcosa?» mi domanda con voce molto gentile.

«Io, ehm...» indugio. Deglutisco. «Io...» Faccio un respiro profondo. Non posso dirgli che sto cercando una consegna che Hermes sostiene sia stata effettuata, solo che non è qui anche se loro hanno comunicato che presumibilmente si trova nel posto sicuro che ho scelto, ma io non ne ho impostato uno e non riesco ad accedere al mio account per vedere che cosa intendano perché non sembra che disponga di un account. Non posso nemmeno dirgli che sono incredibilmente affamata e che la mia unica fonte di cibo, con ogni probabilità, sta arrivando adesso a un ufficio di smistamento o sta tornando al posto da cui è stata inviata. Né posso dirgli che qualcosa nell'aria – lui, la sua pelle, la sua persona – ha un odore incredibile. Dolce, aspro, l'aroma di qualcosa di buono. «È... è l'anniversario di mia madre... Della morte, in pratica» mi sento dire.

«Oh merda» ribatte Ben.

Che cazzo, dice una voce nella mia testa.

«Wow, mi dispiace così tanto.» Ben mi dà una stretta al braccio. Io non dico niente.

«A dire il vero, ehm... mia madre è malata» spiega Ben.

«Oh Dio. Mi dispiace.»

«Già... Lo è da un po'. Già.» Mi sento malissimo.

«Cos'ha che non va?»

Ben fissa un punto a caso sul muro della ex fabbrica, toglie la mano dal mio braccio e la lascia pendere liberamente lungo il fianco. Il suo impermeabile ha uno strappo appena sopra la tasca sinistra e c'è del fango sul lato. Lo guardo in faccia.

«Sì, in sostanza ha il cancro. Già.» Attraverso l'odore del fango, percepisco un accenno intenso e buono di ferro.

«Dio, mi dispiace così tanto.»

Fa spallucce e mi guarda negli occhi. «Va bene così. Voglio dire... lo sai. Fa parte della vita, no?»

«Sì» rispondo. Il mio respiro è leggermente accelerato. Mi accorgo di non essermi mai trovata in questa situazione, prima, costretta a fronteggiare l'odore del sangue umano da affamata. Durante i periodi in cui mi sentivo morire di fame, da adolescente, rimanevo a casa da scuola; l'unico odore nell'aria era quello dei pasti di mamma, e poi il suo corpo, che odorava per metà di morto e per metà di animale. «Credo.»

«Vuoi fare un salto nel mio studio e stare un po' insieme?» chiede Ben.

Guardo lo sgabuzzino, poi di nuovo lui. «Sì, va bene» acconsento. «Però devo...» indico il telefono, «... devo fare una cosa. Mi sono persa della posta. Hai un caricabatterie?»

«Sì, sì, nello studio» dice Ben.

Mentre percorriamo il corridoio verso l'ascensore in fondo, gli domando se si sia fatto male. «Oh sì...» risponde. Le sue guance diventano rosse. «Preso in pieno da un'auto; sono caduto, così...» Muove la mano, imitando il volo del suo corpo nell'aria, e poi la fa precipitare con uno schiaffo sopra l'altra mano.

«Merda» esclamo.

Resto un passo dietro di lui, quando saliamo in ascensore. La bici entra alla perfezione. Ben seleziona C sul pannello dei pulsanti. Fa una smorfia mentre si sporge in avanti. L'ascensore inizia a salire. C'è fango sulla sua gamba, sul fianco e su una delle braccia. Riesco a vedere dei graffi sul lato della mano che emerge dalla manica. «Si sono fermati?» chiedo.

«No, sono scappati e basta.»

«Wow» commento. «Che gente.» Scuoto la testa. Mi lecco le labbra. Le porte dell'ascensore si aprono.

«Già, quindi dovrò...» Solleva una busta della farmacia. Il sacchetto è trasparente, e al suo interno ci sono alcune confezioni di cerotti e medicazioni varie.

«Certo» dico.

Restiamo in silenzio per un po', intanto che camminiamo. Non so bene da dove provenga l'imbarazzo, se da me o da lui. Spesso mi sono resa conto che le persone si zittiscono dopo aver condiviso dettagli personali con me; forse è perché non reagisco nel modo in cui si aspettano, o non mi mostro abbastanza empatica né do consigli a sufficienza. Inoltre, è strano camminare dietro Ben sapendo che potrei, se soltanto lo volessi, far sì che sua madre viva all'infinito, anche se solo in parte; che, volendo, potrei fargli credere di non doverla perdere mai, per il resto dei suoi giorni.

Mi sento piuttosto calma quando entriamo nel suo studio.

«Dunque, questo è tutto!» dichiara Ben. Tengo aperta la porta mentre lui fa entrare la bici. Nel mentre, i nostri corpi si toccano per un attimo. Lui arrossisce e si schiarisce la gola.

«In pratica, è uguale al tuo. A parte il gancio.» Indica il soffitto dove, nel mio studio, è appesa la pianta che mi ha regalato. Qui, però, il soffitto non è visibile, coperto da una lastra di alluminio che si piega nel mezzo.

«Oh sì, è lassù per trattenere il calore. Non c'è riscaldamento nell'edificio e l'elettricità non è a buon mercato, quindi...» Riesco a vederci: siamo due riflessi traballanti nella lastra. La mia faccia, su una delle pieghe, risulta contorta e demoniaca. Quella di Ben è allungata in modo che il suo naso e la distanza tra i suoi occhi siano molto ampi; sembra un pesce. Provo a immaginare il mio riflesso che si avvicina a quello di Ben, che viaggia lungo la sezione centrale e convessa della lastra, attraverso tutte le pieghe e le fessure e, una volta raggiunto il suo riflesso, non si ferma ma si unisce alla sua faccia da pesce e poi l'inghiotte per intero. Faccio un respiro profondo.

«È una soluzione fantasiosa» commento. Distolgo la mia attenzione dal soffitto. «Funziona?»

«Il caricatore del telefono è lì» dice Ben.

«Grazie.» Collego il cellulare e inizio a creare un account su Hermes.

«Sì, funziona. Voglio dire... in teoria, dovrebbe fare qualcosa.» Ben sta ancora guardando il soffitto. «Sì, suppongo di non sapere davvero se funzioni o meno.» Fa una pausa. «Puoi sederti su quella cassa, se vuoi.»

Obbedisco. Lo studio di Ben è estremamente disordinato. C'è una struttura in pino che funge da soppalco, ricoperta da cuscini lungo tutta la base. Scorgo libri sul tempo, sull'orologeria e sulla doratura che occupano la tavola e parte del pavimento; spazzatura dappertutto, capi di abbigliamento qua e là – calzini appallottolati, magliette, pantaloni – vecchi sacchetti di plastica, cibo mezzo mangiato e poi lancette d'orologio; gli orologi sono ovunque, appesi alle pareti come pendoli, in mezzo al disordine, sopra vari materiali che presumo Ben stia usando come piedistalli: mattoni, blocchi di cemento, casse, scatole e quelli che sembrano essere mucchi di fango. Avevo dimenticato che Ben fosse un artista oltre che il manager dell'edificio. Guardo le sue dita grassocce che armeggiano con la cordicella della tenda di una delle finestre.

«Dovresti occuparti di quei tagli» dico, una volta che ha chiuso ciascuna delle imposte. Il mio stomaco brontola.

«Di nuovo affamata?» domanda Ben.

Annuisco. Torno a guardare il mio schermo, dove è apparso un menu a tendina. Seleziono gli ordini recenti. L'ordine che avrei dovuto ricevere oggi è tra quelli. È stato consegnato a un indirizzo nelle vicinanze. Non lo riconosco, ma sembra che ormai non mi importi più. La mia attenzione si posa su Ben mentre apre la cerniera del suo impermeabile. «Tutto a posto con la posta smarrita?» chiede.

«Sì» rispondo. «Non è una cosa urgente.»

Lui si scrolla di dosso il soprabito. L'odore mi fa tremare. Mi alzo e il mio telefono cade a terra.

«Oops!» esclama Ben al posto mio e ride. Mi avvicino a lui.

«Sembra doloroso» osservo, tendendo una mano. Mentre gli vado incontro, noto che la mia pelle è arrossata per essere stata esposta al sole senza crema solare. Tuttavia, non sembra far male o, meglio, non mi pare di essere in grado di provare dolore.

«Oh, no. Sembra peggio di quello che è.» Ben sussulta mentre inizia a staccarsi la maglietta strappata dalla pelle. Il sangue l'ha inzuppata e si è poi asciugato, fondendo i tagli sull'anca e sul fianco con il cotone.

«Posso aiutarti» mi sento dire. Vado verso il suo lavandino e prendo un asciugamano. «È pulito?»

«Ehm, diciamo… è pulito per quanto è possibile esserlo qui dentro, immagino.» Apro il rubinetto dell'acqua calda e bagno l'asciugamano, quindi torno verso di lui, in piedi nell'ombra. Lui fa un passo in avanti e si volta verso il muro con il braccio alzato. Gli premo saldamente il telo sul fianco.

«Ehi, è quasi una bella sensazione» dice.

Annuisco. Il sangue scorre come se fosse di nuovo fresco. Diluito dall'acqua dell'asciugamano, viaggia in piccole linee rosa lungo la parte esposta della pelle di Ben e viene assorbito dal bordo dei suoi boxer. Si diffonde sulla maglietta intorno all'asciugamano, creando un motivo come di licheni su una roccia. A poco a poco, comincio a staccare la maglietta, ora bagnata, dalla sua pelle. Al di sotto, c'è un taglio piuttosto profondo che ha trattenuto piccoli pezzi di ghiaia al suo interno.

«C'è della ghiaia, dentro» dico.

«Sì» conferma Ben. I suoi occhi sono chiusi. «L'ho vista.» Gli chiedo se ha delle pinzette, e lui fa cenno di sì.

Non so dire se tutto questo sia un'agonia, per me, o l'esatto opposto. La mia bocca è vicina al taglio che ancora gocciola sangue mentre rimuovo con cura i sassolini neri. Inspiro profondamente attraverso il naso. Mentre lo faccio, la visione mi si sdoppia e vedo due grandi tagli davanti alla mia faccia. Voglio infilare la mia lingua nella carne di Ben. Voglio mangiare.

«Sei davvero brava in queste cose» commenta Ben.

«Eh?»

«In queste cose. Sei davvero brava. Potresti fare l'infermiera, tipo, o qualcosa del genere.»

«Mmm» replico. Tampono di nuovo il taglio con l'asciugamano, che assorbe un po' di sangue fresco. Adesso è di un colore marrone scuro, al centro. Tiro fuori l'ultimo frammento di ghiaia e poi mi rialzo, la mano che regge ancora l'asciugamano sul fianco di Ben, la faccia che ora è vicinissima al suo collo di un rosa tenue. «Ciao» dico, e sto parlando al collo. Ha alcune lentiggini, a distanza irregolare l'una dall'altra. La maggior parte è di un fioco color arancione, ma due sono più scure. Mi sento completamente fuori controllo.

«Ehm, ciao?» risponde Ben.

Sento il mio corpo spingersi in avanti, i miei occhi chiudersi. Ogni cosa diventa di un profondo rosso scuro. Poi sento la pelle calda sulle labbra. La mia bocca si apre. La mia lingua trova la sua strada. La pelle di Ben è dolce e io sono immensamente potente, come se tutto il mio essere fosse contenuto solo nei miei denti, pronti per mordere.

«Ehm, Lyd?» esordisce Ben. Fa un piccolo passo verso destra, lontano da me, e la mia testa cade in avanti per un attimo. Il suo viso è di un rosso vivo. «Lyd... ehm... Non so come dirlo ma, cioè... Ho una ragazza?»

Batto le palpebre un paio di volte. Chiudo la bocca. Il telo è ancora nella mia mano. L'umano in me sembra risvegliarsi.

«Voglio dire, be', in realtà è la mia fidanzata. Tipo, sono fidanzato ufficialmente e tutto il resto. Vivo con lei e...» Ben mi guarda con un'espressione terribilmente empatica e preoccupata sul viso. «Non posso, sai...» riprende. «Mi dispiace un sacco. Sei stata così gentile, sai?»

Non riesco a pensare a cosa rispondere. È come se avessi dimenticato all'improvviso tutte le parole e non fossi in grado di capire bene cosa sta succedendo. La lingua è pesante nella mia bocca, quasi contenesse tutto ciò che ho di sbagliato: la parte di me che ha perso il controllo, la parte demoniaca.

«Io... io...» Inspiro affannata. Mi sembra di star piangendo, ma non ne sono sicura. «Mi dispiace tanto... Mi dis...» riprendo, lottando contro la "s" nella parola.

Comincio a indietreggiare, allontanandomi da Ben, diretta alla porta dello studio. La luce del sole che filtra attraverso le tende, fino a poco fa tollerabile, ora è terribilmente luminosa e la mia pelle, che prima aveva retto bene, formicola.

«Lydia» mi chiama Ben. La sua maglietta è scivolata di nuovo sul taglio.

Cerco a tentoni la maniglia della porta e la giro. «Devo andare» annuncio.

«Mi dispiace davvero» dice Ben. «Lydia...»

Sta per aggiungere qualcos'altro, ma io devo uscire da questa stanza. Mi volto e poi cammino molto velocemente lungo il corridoio. Prendo le scale piuttosto che l'ascensore. Corro lungo le rampe. Non so se incontro qualcuno mentre vado al mio studio. Non so se qualcuno vede cosa sto reggendo. L'asciugamano intriso di Ben lascia delle gocce sul cemento che conduce alla mia porta. Le sottili linee rosa di sangue e acqua che scorrevano sulla pelle di Ben ora si depositano sul mio braccio e gocciolano lungo il mio polso. Distrattamente, senza pensarci davvero, mi porto il braccio al viso e lo lecco.

Succhio il sangue dall'asciugamano di Ben per quelle che sembrano ore. Mi sdraio sul pavimento, con il telo appeso alla bocca e disteso sul petto. Sono in estasi. Non riesco proprio a descrivere come ci si senta ad avere il sangue di un'altra persona nelle vene a nutrire il tuo cuore, anche solo per un po'. Il sangue non di un maiale ma di un umano con due gambe, dritte ed eleganti, con accenni di qualcosa - di cibo e ricordi ed esperienze, del momento della nascita, di malattia e guarigione, di amore e dolore e paura - nel suo sapore. Mi sento immensa, come se, alzandomi in piedi e correndo verso il muro del mio studio, potessi sfondarlo. Come se potessi calpestare macchine e persone lì fuori, intere famiglie sbriciolate sotto i piedi, ruggendo finché le vetrine dei negozi non vanno in frantumi. Il sole sarebbe attratto da me e verrebbe consumato dai miei capelli, che crescerebbero ancora e ancora per poi diramarsi nel cielo e trasformare il giorno in notte. La terra tremerebbe intorno a me; le piccole talpe addormentate uscirebbero dalle loro tane, e i conigli dai loro rifugi, e io li strapperei dal terreno come germogli di fagiolo per poi inghiottirli così come sono, interi.

PARTE 2

4

La sala d'attesa del Crimson Orchard vanta una vasta gamma di oggetti per intrattenere persone di tutte le età. C'è uno di quei labirinti per bambini, tutti colorati e di filo metallico con le perline, che si trovano spesso nelle sale d'attesa delle banche; ci sono una rivista per bambini, un *Teen Vogue* di un paio di anni fa, una per sposi, una di gossip, una rivista sui trattori, una di interior design e una sulla maternità, e una guida tv. Tutte le fasi della vita sono disposte sul tavolino da caffè, rappresentate dalle riviste, e aperte a ventaglio. L'unica non rappresentata è, suppongo, quella finale, che è al di là della porta, nelle altre stanze di questo edificio. Mi siedo davanti al labirinto di perline e infilo la perlina gialla lungo il suo filo. È alquanto rilassante. Poi passo al rosso, poi al blu, poi al verde. Bilancio tutte le perline a metà dei loro fili piuttosto che condurle alle estremità. Dopodiché le riporto tutte all'inizio e ripeto l'intero processo.

Sono arrivata con quasi tre quarti d'ora di anticipo. Il dottor Kerr ha detto che mi avrebbe incontrata alle dieci e mezzo. Al momento, manca poco alle dieci. Di treni ad alta velocità che vanno da St Pancras a Margate ce n'è solo uno all'ora, quindi arrivare a un orario preciso è difficile, e gli unici altri treni sono quelli lenti che fermano in tutti i piccoli villaggi e città del Kent e che partono da Victoria. Non pensavo avesse importanza, comunque. La mia app del meteo aveva detto che sarebbe stato nuvoloso, con rovesci sparsi, invece è una giornata ridicolmente luminosa e limpida. Il mio piano di aspettare qui in campagna, fare una passeggiata tra i campi, cercare di trovare la parte di terra che, alla fine, si riempirà di mare e dividerà l'estremo sud-est di questa zona dalla terraferma, è fallito.

Mi accomodo sulla mia sedia. Il soffitto è rivestito in lastre di polistirolo. Comincio a contare i punti su quella direttamente sopra la mia testa. Uno, due, tre, quattro... ventisei, ventisette... Tormento le cuticole intorno a una delle unghie. Ho tirato un po' troppo. Mi fa male e un lato del mio dito è di un rosa acceso e un po' gonfio. L'attesa mi ha alquanto annoiata, anche se è pur sempre bello essere lontano da Londra per una mattinata. Guardo la moquette. Tra le fibre si nascondono parecchie briciole. Mi chiedo quante volte questo posto venga pulito.

«Io... ti... vedo. Ti vedo lì, ti vedo lì.» Mi rendo conto che la porta è socchiusa e che c'è qualcuno che fa capolino attraverso il varco. Mi raddrizzo in fretta. «Ti vedo» dice quella persona con voce roca. È un uomo. «Tu, sì, tu. Lo vedo che mi stai guardando.» Sembra arrabbiato.

«Ehm, ciao» lo saluto. La porta si apre un po' di più, ma non abbastanza da permettermi di scorgere interamente la persona dall'altra parte. Tutto quello che posso osservare sono alcuni ciuffi di capelli grigio chiaro che si piegano a una strana angolatura; sembrano essere spezzati. Entrano nella stanza da sé come zampe di ragno, mentre l'uomo resta nell'ombra.

«So cosa sei, una schifosa... sei disgustosa.» L'uomo emette un suono che pare uno sputo. «Tutti voi, disgustosi. Giappo. Mostri.»

Mi si blocca il respiro in gola. «Uhm...» dico.

Poi sento un'altra voce nel corridoio, quella di una donna. «Fred, Fred!» Mi arriva un suono di infradito sul pavimento duro. Qualcuno sta correndo. La figura scompare e la porta si chiude con un *clic*. Sento la donna che dice: «Fred, che fai fuori dalla stanza degli hobby? Vai, ora, torna dentro; Ethel ti sta cercando». L'uomo chiamato Fred risponde: «Non darò retta a quelli della tua specie! Barbari, disgustosi...» e lo sento trascinarsi lungo il corridoio. Un paio di istanti dopo, la porta si apre ed esce una donnina dalla pelle scura in uniforme da infermiera.

«Salve» saluta.

«Salve.»

«Scusi per Fred.»

«Oh no, no, va tutto bene.»

«È rimasto fermo alla Seconda guerra mondiale.»

«Dev'essere strano.»

«Eh?» domanda la donna.

«Oh niente, immagino che debba essere strano essere in questo posto ma anche pensare che sia ancora il tempo della Seconda guerra mondiale.» Sembra una cosa particolarmente stupida da dire, così aggiungo: «Cioè, è ovvio». Mi schiarisco la gola. «Dev'essere dura.»

«Mmm, sì.» La donna sorride. «Lei è...»

«Lydia, la figlia di Julie. Conosce Julie?»

«La conosco, sì. Per lei è difficile essere qui, penso soprattutto perché è più giovane di molti altri residenti. Dev'essere una preoccupazione, per lei.»

«Oh, no, non proprio» ribatto, senza pensarci. «Intendo... sì, non so. Non ci ho riflettuto molto.»

La donna fa un passo avanti e la porta si chiude dietro di lei. «Mi prendo cura di sua madre, in realtà, quindi la sto conoscendo abbastanza bene.»

«Oh, Dio» esclamo. «Mi dispiace tanto. Per com'è. So che può essere un incubo.» Mi sento male non appena lo dico. L'altra scuote la testa. «Grazie» aggiungo. «Quel tipo, Fred, va d'accordo con mia madre?»

«Cerchiamo di tenerli separati» risponde l'infermiera.

«Come sta oggi?» chiedo, per quanto possa sembrare inutile. So che "bene", per Crimson Orchard, si traduce in "male"; si traduce in mia madre che pensa di essere umana. E so che "male" si traduce in qualcosa né di buono né di cattivo, uno stato in cui riconosce di essere un vampiro ma non è ancora se stessa.

«Meglio. Molto meglio di prima» replica la donna.

«Oh, questo è un bene.»

«Ha chiesto dei dolci che immagino provengano dalla sua infanzia.»

«Davvero?» Questo mi coglie alla sprovvista. Non ho mai davvero pensato a mia madre che mangiava cibo umano. Non è che non abbia mai pensato a lei come a un essere umano. So che un tempo lo è stata. Quello che non ho mai considerato è come lo stesso corpo occupato da mia madre si estenda ora a ritroso attraverso secoli di esistenza, all'inizio dei quali non era solito digerire sangue ma frutta e verdura e carne e dolci. Il cervello di mia madre, che ora si trova in un corpo a pochi metri da me, deve contenere il ricordo di pasti interi, della sensazione del corpo che elabora quei pasti, il gusto di sapori diversi.

«Di che tipo?» chiedo.

«Ho preso nota di alcuni» dice la donna, e tira fuori dalla tasca un pezzo di carta strappato da un taccuino e me lo passa. Lì, ci sono diversi nomi che non riconosco:

kuih talam pandan, *cendol* e *pandan kalaae*. L'unica parola che conosco è *pandan*, che è una foglia verde brillante conosciuta come la vaniglia del Sud-est asiatico. Ho visto qualcuno su Instagram mescolarla in polvere in una gelatina di *kanten* e guarnirla con panna montata.

«Non so quanto sia facile trovarli, ma potrebbe farle piacere se lei ne portasse un po' la prossima volta.»

«Posso tenerlo?» domando.

«Certo» risponde, e poi rilancia: «Sua madre è cresciuta in Malesia?».

«Uhm, sì, per la maggior parte, ma suo padre era inglese e a un certo punto si sono trasferiti in Inghilterra» spiego, sentendomi come se stessi raccontando la storia di una figura mitica, non di mia madre. Questa piccola informazione è una delle uniche cose che lei mi abbia mai raccontato di suo padre; questo, e che hanno viaggiato insieme su una nave, in un tempo in cui non esistevano ancora gli aerei.

«E la madre di sua madre – sua nonna, quindi – era malese?»

«Sì» replico, ma arrossisco come se stessi mentendo.

Mia madre, per la maggior parte della mia vita, non ha mai parlato dei suoi genitori o del vampiro che l'ha generata e quindi per molto tempo, fin da piccola, non ho pensato affatto alla sua origine, ma l'ho immaginata quasi fosse eterna, senza genitori né creatori.

«Mia madre era come la sua. Ha iniziato a volere le prelibatezze di casa quando è diventata più anziana» dice la donna, e sorride.

«Grazie» rispondo.

«Se vuole contattarmi in privato, per vedere come sta, può chiedere di me alla reception ogni volta che viene qui o che telefona; mi chiamo Kemi.»

Allungo una mano per stringere quella della donna e, mentre lo faccio, noto un grande livido a forma di morso sul suo avambraccio. Sussulto. Kemi sorride ancora e poi se ne va.

Guardo di nuovo il pezzo di carta con la lista dei dolci. Sembra una capsula del tempo, un antico manufatto, un'informazione su un lontano antenato piuttosto che su un parente prossimo.

Quando avevo circa tredici anni, ho iniziato a interrogarmi sulle origini di mia madre. Un giorno, ho usato uno dei computer della scuola per cercare su Google miti sui vampiri, e ho letto del *langsuyar*, un tipo di vampiro del folklore malese. Il *langsuyar* è il fantasma di una donna deceduta per lo shock di sentirsi dire che suo figlio era nato morto. Nel letto in cui ha partorito, ha battuto le mani, si è trasformata ed è volata via, sui rami di un albero. Dietro il collo, sotto i suoi lunghi capelli, c'era un buco attraverso il quale beveva il sangue dei vivi. Mi chiedevo se mia madre fosse la *langsuyar*, creata non da un altro vampiro, bensì dal suo stesso dolore: senza un'origine precisa, ma frutto di un trauma. Potrei essere la figlia morta di mia madre, in qualche modo riportata in vita e chiamata "vampiro" da lei, benché in realtà io sia qualcos'altro, credevo. E se fosse così, altre cose su mia madre potrebbero iniziare ad avere un senso. Ho scoperto che nella maggior parte delle culture asiatiche non c'è riverenza per il mostro vampiro come in Occidente; le creature succhiasangue sono le donne e le loro azioni: che si tratti di un peccato commesso in una vita passata, di un patto con un demone, di una personalità gelosa o instabile, sono tutte accusate di essere mostri. Forse mia madre si odiava per non essere riuscita a conservare la sua umanità; forse odiava me per essere stata la causa della sua perdita. Mia madre mi ha dato uno schiaffo quando una notte, mentre dormiva, l'ho fatta rotolare su un fianco e le ho sollevato i capelli per vedere se ci fosse una seconda bocca, e le ho detto cosa pensavo che fosse.

«Non fare la stupida» ha risposto. Ma da quell'incidente sono venuta a sapere del suo sire, il vampiro che l'aveva trasformata e di cui mi ha parlato con rabbia e impazienza: un bianco britannico che era arrivato in Malesia come parte di una potenza colonizzatrice. Si era nutrito da molte donne, ma per qualche motivo aveva lasciato che lei bevesse da lui quanto bastava affinché si trasformasse. Ho avuto la sensazione, dal suo tono di voce, che avrebbe preferito essere uccisa da quell'uomo: che diventare cibo sarebbe stato meglio che essere quello che adesso siamo entrambe. Le ho chiesto se quella persona fosse anche suo padre, visto che sapevo che suo padre era un inglese. Ma lei ha detto: «Sta' zitta, ora, e va' a letto. Era un uomo cattivo; ha ucciso molte persone».

Non so davvero come sentirmi riguardo all'elenco di dolci che ho in mano. C'è qualcosa di triste, in tutto questo. Come se un detective mi avesse appena consegnato ciò che rimane di una ragazza che è stata uccisa. Come se il detective avesse detto, a me che sono la parente più prossima della ragazza: «Pensiamo che questo sia suo, le è familiare?». Piego il foglio e lo metto nello zaino, quindi guardo il telefono. Ho ancora venti minuti prima di vedere mia madre.

Sembra un posto strano, questo, per lei. Non solo è all'apparenza troppo giovane per stare in una casa di riposo, ma non è neanche lontanamente vicina alla fine della sua vita, come lo sono gli altri qui.

Prima o poi lascerà questo posto, mentre gli altri ci rimarranno fino alla morte; e poi, se me lo potrò permettere, la sposterò da qualche altra parte, e poi da qualche altra, mentre continuo a vivere la mia vita lontano da lei. Mi appoggio di nuovo allo schienale della sedia. Ci sono alcuni poster, nella stanza. Li leggo, uno per uno, partendo da quello più vicino a me e muovendomi in senso orario per le pareti. Uno dice: "Sii la versione migliore di te stesso"; un altro, che non ha senso, mostra l'immagine di una rosa rossa stretta tra mani giunte e recita, in corsivo, "*Bisogna nutrirla dall'inizio alla fine*" e poi, in grandi lettere maiuscole, in grassetto, ATTENZIONE AL CLIENTE; un poster al centro rappresenta brutti fiori ad acquerello su tutti i bordi e, scritto in lettere rosa, "Lavorare per qualcosa che non ci interessa si chiama STRESS. Lavorare per qualcosa a cui teniamo si chiama PASSIONE". Tutti i poster mi fanno sentire un po' depressa per l'umanità. Per un momento, però, mi soffermo su uno che non ha molto senso, ma mi mette in crisi: "La tua età è quella che *pensi* di avere" recita in blu. Torno alle perline colorate. Le faccio girare una per una sui loro fili. Giallo, blu, rosso, giallo, blu, rosso, blu, rosso, blu, rosso.

È bello perdermi in un'attività così piccola. Essere in questo *non luogo*, in questa città insignificante, fare questa cosa che non ha molta importanza. Per un attimo, sul treno diretto qui, ho pensato di tornare indietro e rimanere in questo stato di nulla, di assenza di pressione. Avrei potuto trovare lavoro in un bar e continuare a cambiare finché non avessi fatto la cameriera in tutti i caffè del Kent; mi sarei potuta spostare per il Paese in quel modo. Inoltre, ho controllato e ho scoperto che l'abitazione di mia madre, anche se l'abbiamo dovuta liberare e pulire da cima a fondo entro una certa data per il padrone di casa, non è stata ancora affittata. In effetti, non c'è nemmeno nessuno in fila per trasferirsi. Ora è su *Rightmove*, con le foto che l'agente immobiliare ha fatto prima che sgomberassimo le nostre cose. Gli scatti mostrano il mio letto, il mio armadio, alcuni dei miei vestiti appesi allo schienale della sedia davanti alla scrivania. Anche la cucina sembra vissuta; è ordinata, ma la nostra roba è ancora ovunque e pare quasi che chi viva lì sia effettivamente umano, intento a cucinare cibo umano. Ci sono mestoli e cucchiai di legno sul bancone, una pentola che eravamo solite usare per riscaldare il cibo prima di installare il microonde nell'angolo, e c'è una quantità ridicola di tazze infilate in uno degli armadietti con lo sportello in vetro. In soggiorno, ci sono foto di me a diverse età lungo tutto il caminetto: io con l'uniforme scolastica, con il mio portapranzo di Topolino che portavo a scuola solo per essere una di loro; allo zoo nel bel mezzo di una tempesta, sorridendo davanti a un elefante inzuppato di pioggia. Mentre scorrevo quelle foto sul treno, mi sono sentita come se potessi risalire a quella vecchia vita attraverso il mio schermo. Per un momento, ho voluto davvero farlo.

Non ho visto Ben dopo ciò che è successo nel suo studio. L'indomani, mi sono svegliata nel mio appartamento in disordine, l'asciugamano che avevo usato per pulire il taglio di Ben appeso alla bocca e drappeggiato sul petto come un bavaglino, il burattino che avevo rubato dalla galleria posato sulla mano, con un po' di sangue che gli imbrattava il viso. Ho dovuto pulire la bambola, il top, i capelli, il viso e le braccia nel lavandino. A quanto pare, ci sono docce nella ex fabbrica, da qualche parte ai piani superiori, ma non ho voluto rischiare che qualcuno mi vedesse, sporca com'ero dagli eventi del giorno prima. Sono uscita per lasciare il mio top da qualche parte ad asciugare al sole, indossando solo il maglione senza niente sotto. Di ritorno, ho trovato un piccolo pacco fuori dalla mia porta. Dentro c'erano il mio cellulare, che avevo lasciato in carica nello studio di Ben, e un suo messaggio in cui chiedeva scusa per il giorno prima e spiegava che sarebbe stato via per qualche giorno con la sua fidanzata. Ha usato il suo nome: Anju. Mi è sembrato un modo davvero strano e ingiusto di vedere la calligrafia di Ben per la prima volta; anche se, quando ci ho pensato, mi sono resa conto di non sapere con certezza in quale circostanza avrei voluto vederla per la prima volta. Ho toccato il biglietto con la punta delle dita, sentendo le rientranze incise sulla carta dalla biro. Non riuscivo a capire se cominciasse a piacermi e volessi stare con lui, o se avessi fame e volessi nutrirmi di lui.

Non provavo rimpianto per aver succhiato il sangue di Ben dall'asciugamano. Non mi sentivo in colpa né disgustosa. Non mi sentivo nemmeno pericolosa, o più sbagliata che giusta, più cattiva che buona. Penso di essermi resa conto ormai da molto tempo che il demone non è necessariamente legato a Dio; non è l'antitesi dell'umano, o dell'anima. È solo un animale diverso, che ha una dieta differente da quella umana. Ho sentito parlare di un crostaceo che mangia solo le cornee degli squali, finché gli squali non ne vengono accecati, e di farfalle in Amazzonia che bevono le lacrime delle tartarughe, eppure questi animali non sono demoni; sono soltanto bestie e molte persone credono che sia stato Dio a crearli così come sono. Naturalmente, ci sono anche animali che sopravvivono nutrendosi di sangue; e altri che rompono le uova e ne mangiano i piccoli, o il tuorlo che vi cola dentro; e altri che mangiano i propri figli; e poi anche gli umani si nutrono di carne e uova e sangue, solo in modi specifici, in forme specifiche, con erbe specifiche, e questi animali e questi umani non sono demoni. Né lo sono i cannibali, né le persone che mangiano oggetti. Ci sono umani che mangiano schegge di vetro, monete, chiodi, lame, pietre; c'è stato un uomo che ha mangiato biciclette, carrelli, un intero aeroplano e una bara. Mi sono accorta che *demone* è un termine soggettivo, e la scissione della mia identità tra diavolo e Dio, tra impuro e puro, è qualcosa che mia madre mi ha fatto credere, piuttosto che la realtà della mia esistenza. Tuttavia, dopo una vita passata a mangiare solo sangue di maiale, temevo di nutrirmi di qualsiasi altra cosa, specialmente umana, nel caso avessi sviluppato un gusto per tutto ciò, e poi una dipendenza. Invece di assaggiare sangue diverso, ho provato la fame, avvertendo il divario non tra il demone e l'umano dentro di me, ma tra la vita e la morte.

Ho piegato il biglietto di Ben e l'ho messo nello zaino. Non volevo pensarci. Non volevo pensare a lui, il cui sangue, anche se ne avevo assunto solo una piccola quantità, veniva ancora pompato dentro il mio corpo, sangue di cui non potevo impedirmi di volerne di più. Sebbene fossi rimasta me stessa dopo aver succhiato l'asciugamano, per un momento nello studio di Ben mi ero sentita potente in un modo immenso, inumano, con i denti a un soffio dalla sua carne – ed era qualcosa che mi spaventava. Non voglio essere una persona violenta. Voglio essere qualcuno che contribuisce alla società piuttosto che qualcuno che prende dalla società: qualcuno che aiuta le persone piuttosto che ferirle. Sono andata a correre, con indosso il mio top ancora un po' umido e macchiato, lo zaino in spalla e il burattino dentro. Ho corso fino a Waterloo e lì, finalmente, ho comprato delle cose.

Di certo non sono il tipo che considera lo shopping una forma di terapia. Di norma lo odio. Mia madre di solito mi portava con lei. Mi sedevo sui piccoli sedili all'interno dei camerini, che in realtà non erano pensati per le persone ma erano ripostigli per le borse, e guardavo mia madre spogliarsi e poi indossare diversi abiti come se stesse provando una nuova pelle. Non se ne accorgeva mentre lo faceva ma, per ogni abbinamento, atteggiava il viso come si aspettava che facesse una persona con quell'abito; metteva il broncio, o tirava fuori gli occhiali dalla borsa e li indossava, o se li toglieva. Si spalmava sempre anche un fondotinta pallido, con un fard rosa chiaro sulle guance che faceva sembrare la sua pelle come quella di una persona bianca, stesa su un viso per metà asiatico.

Odiavo vedere mia madre spogliarsi. In un camerino con gli specchi su tre pareti è difficile non guardare. La sua pelle era più chiara sotto i vestiti, anche se le braccia e il viso apparivano piuttosto scuri sotto il trucco; era come se nascondesse il corpo bianco di suo padre sotto la maglia e i pantaloni. La mamma non era stata trasformata da bambina come me, o nemmeno da giovane, quindi il suo io umano aveva avuto il tempo di superare il suo apice e la sua età – e quello è il corpo in cui era rimasta bloccata, quello che poi ha smesso di perdere peso con facilità, quello che già aveva le malattie alle gengive.

Sono entrata in un piccolo negozio vicino all'Old Vic. Vendeva dischi e vestiti. Ho comprato un paio di jeans, uno di pantaloncini, alcune magliette, un maglione e una giacca. Il maglione non era esattamente in linea con i miei gusti – o meglio, credo di non avere alcun gusto, però il maglione era molto particolare perché un po' kitsch – ma aveva qualcosa che mi piaceva. Sulla parte anteriore c'era una semplice immagine di un orologio con occhi beige quasi invisibili vicino alle due e alle dieci. I pantaloncini erano per ragazzi, di età compresa tra i dieci e i dodici anni. La giacca era da uomo, taglia XS. Mi sono sentita un po' meglio, lasciando il negozio con vestiti che non erano stati inzuppati dal sangue diluito di Ben. Ho buttato la mia vecchia maglia nel cestino della carta straccia nel camerino e ho indossato il maglione con l'orologio. Alla libreria sotto Waterloo Bridge, ho scelto un paio di libri. Ne ho preso uno sull'artista Mirosław Bałka. C'erano foto tratte da *How It Is*, che hanno realizzato alla Tate Modern Turbine Hall qualche tempo fa e a cui avevo trascinato mia madre. Avevo anche pensato che le sarebbe piaciuta l'opera di Ólafur Elíasson, *The Weather Project*, dove c'era un enorme specchio rotondo sospeso perché assomigliasse a un sole che stava tramontando, e ghiaccio secco per creare una sorta di foschia di falso calore. Ma la mamma ha detto che non le mancava davvero il sole. Ce ne siamo andate, sentendoci entrambe insoddisfatte. Ma lei ha adorato *How It Is*, una scatola enorme, all'interno della quale c'era solo un'oscurità totale e completa: qualsiasi luce entrasse veniva assorbita dalle pareti di feltro nero. Ci siamo sedute in un angolo proprio in fondo, dove era così scuro che non riuscivamo a distinguere nulla l'una dell'altra. Era più buio della notte, un'oscurità che andava oltre ciò che i miei occhi potevano penetrare, ed era immensamente tranquillo.

«Di cosa parla allora quest'opera?» ha chiesto mia madre: la prima e unica volta in cui ha domandato con aria interrogativa il significato di un'opera d'arte.

Le ho spiegato che era basata su un romanzo di Samuel Beckett su un uomo che striscia nel fango, ma lei ha scosso la testa e ha alzato gli occhi al cielo. «Suona davvero stupido e pretenzioso.» Ha fatto una pausa. «Parla di noi.»

Ho anche comprato un libro sull'artista Joseph Beuys e uno intitolato *La radice della salute: Il cibo della Terra* con il sottotitolo *Come usare la Terra e i suoi doni per coltivare le verdure più nutrienti.* In totale, ho pagato quindici sterline e cinquanta. Il libro sul cibo costava appena cinquanta centesimi. Alla cassa, un uomo che mi era sembrato apparisse di continuo al mio fianco mentre vagavo tra gli scaffali ha detto: «Sei a dieta, tesoro? Sai che agli uomini piace avere qualcosa da stringere tra le mani, no?».

«Okay» ho risposto, e l'ho guardato dritto negli occhi: avevo l'impulso fortissimo di colpirlo in testa con i libri o di morderlo, proprio lì in pieno giorno in una delle zone più trafficate di Londra, davanti a due bambini che giocavano in una buca di sabbia sul ciglio dell'argine, davanti a un artista di strada immobile nella sua posa da allegoria della Giustizia, davanti a tutte le persone del ristorante che gustavano hamburger e drink. Ho guardato il suo collo. La pelle sembrava sottile e leggermente lustra come carta da lucido, il tipo di materiale su cui sarebbero scivolati via i colori ad acquerello. La pelle dell'uomo pareva fine ovunque, come se una sorta di cattiva abitudine nella sua vita l'avesse logorata, forse droghe o alcol, o forse era solo più vecchio di quanto sembrasse.

Me ne sono andata in fretta, per sfuggire alla possibilità di agire secondo i miei impulsi che non avevo mai avvertito così forti. Sulla via del ritorno allo studio, ho finalmente recuperato il sangue di maiale essiccato, che era stato consegnato a una casa su una strada residenziale vicino alla stazione di Vauxhall. Una volta tornata nella mia stanza, ho provato a mangiare un po' di quello che era essenzialmente sangue in polvere - il più secco e il più lontano possibile dal sangue fresco - nel tentativo di saziare la fame, ma ho avuto una reazione quasi violenta al mio primo sorso mescolato con acqua tiepida. Mentre il sangue di Ben, fresco della sua ferita, sapeva di vita e quindi di gioia, questo di maiale, inscatolato ed essiccato, portava con sé le esperienze e i ricordi di decine di maiali che, nonostante l'etichetta, sicuramente non provenivano da una fattoria biologica certificata dalla Protezione Animali ma, piuttosto, da un allevamento industriale - sapeva di morte e miseria.

«Lydia?» La porta della sala d'attesa del Crimson Orchard si apre. «Salve.» È il dottor Kerr.

«Oh, giusto» dico. «Uhm.» Lo guardo, battendo le palpebre. «Oh sì, okay... Salve.»

«Siamo pronti a procedere?»

«Mi scusi, sono completamente su un altro pianeta» rido. «Stavo giusto leggendo tutti questi poster. Sono carini, ehm...» Sorrido, aspettandomi che il dottor Kerr ribatta qualcosa del tipo: "Sono pacchiani, vero?" o "Già, sono tremendi", ma lui non dice niente; e anche il suo volto non cambia espressione. Si limita a fissarmi, sorridendo appena. Alla fine, dichiara: «L'aspetterò fuori. Si prenda il tempo che le serve».

«Okay» replico. «Sono pronta già ora, però, devo solo...» Guardo il mio zaino. È aperto e la testa del burattino spunta fuori, il viso rivolto verso il dottor Kerr. Vedo gli occhi del dottore seguire i miei fino allo zaino. Non dice niente, di nuovo. Continua a sorridere.

«Sarò giusto qui, fuori della porta» mi rassicura, e poi esce.

Mentre ci dirigiamo verso la stanza della mamma, il dottor Kerr mi prepara per la mia visita. «Sta bene oggi» mi comunica. «Sembra calma, consapevole della sua identità, ed è stata molto gentile con tutto il personale, dando alle infermiere cioccolatini presi dal suo frigorifero. È molto amichevole, quindi spero che questo significhi che le sarà facile parlare con lei.»

«Bene.»

«Non vogliamo che si agiti troppo quando le viene chiesto dell'incidente dell'altro giorno con l'infermiera, ma se lei potesse trovare un modo di introdurre il discorso... e l'idea è quella di non arrabbiarsi con lei. Vogliamo soltanto sapere come si sentisse in quel momento, quale potrebbe essere la causa sotterranea, se è infelice. Non si senta sotto pressione, però; potrebbe aiutarla anche solo vedere un volto familiare.»

Ci siamo fermati fuori dalla porta di mia madre, dove è affissa una targa in legno decorata con rose inglesi e con scritto JULIE su un rettangolo di carta incollato con del nastro adesivo.

«Sarò nelle vicinanze, quindi venga a trovarmi, dopo» conclude il dottor Kerr.

Mia madre è seduta su una sedia di fronte allo specchio e si guarda il volto. Non mi piace molto questo posto. C'è uno strano miscuglio tra le cose di mia madre e quelle di Crimson Orchard che lei non avrebbe mai scelto, come una lampada con un paralume in tessuto stropicciato e un quadro di una mucca in piedi accanto a un fiume ai margini di una foresta. Sembra la stampa di un dipinto alla William Henry Davis. La stanza pare essere stata progettata per ospitare un tipo molto specifico di gente bianca e inglese giunta all'apice della sua vita più o meno negli anni Trenta o Quaranta.

In casa nostra, mia madre non ha mai tenuto nulla che venisse dalla Malesia, ma neanche nulla che fosse completamente, esplicitamente britannico. Comprava oggetti solo per ragioni pratiche: sedie comode; tappeti per coprire macchie o assi del pavimento rotte; stampe per nascondere buchi non intonacati o punti umidi sui muri, con soggetti che nemmeno le piacevano – nel corridoio c'era un quadro al punto croce raffigurante un pollo; una fotografia di zebre, che sembrava essere quella data in dotazione con la cornice, era sopra il nostro divano; e, appena fuori dalla mia camera da letto, c'era il poster di un film che nessuna di noi due aveva mai visto. Avevamo cassetti di plastica per conservare gli oggetti; stendibiancheria per interni e altri pieghevoli con le mollette attaccate; stoviglie scoordinate prese da negozi di beneficenza, tazze con sopra stampe che non significavano nulla per mia madre, del tipo I LOVE SCARBOROUGH, o personaggi del *Signore degli Anelli* o graziose immagini di gattini o cuccioli. Ci penso ora, guardando le cose che suppongo siano state pensate per aiutare i residenti a mantenere un sentimento di identità e appartenenza, e mi chiedo se mia madre non si sia negata qualcosa di più di un tipo di sangue "superiore" a quello di maiale, mentre crescevo. In casa nostra non c'era niente che avessimo soltanto perché piaceva a mia madre; niente che fosse un ricordo della sua vita umana, di quella trascorsa in Malesia. Ogni cosa serviva la comodità, non il suo gusto o la sua personalità.

Aspetto che il rumore dei passi del dottor Kerr sia scomparso prima di parlare.

«Mamma» dico. «Mamma.»

Dalla sua nuca, dal suo atteggiamento, dal modo in cui ha legato i capelli, posso affermare che questa non è la mamma con cui sono cresciuta, non il vampiro che mi ha dato la vita. Abita il suo corpo come un essere umano, uno che non si odia né si nega i lussi, ma piuttosto il contrario. Si sta tirando le guance, distendendo le sue poche rughe e spalancando gli occhi. Resto in equilibrio su un piede e con l'altro scalcio per terra, lasciando oscillare la gamba. Mi sento nervosa. «Julie» la chiamo alla fine, e poi sospiro.

Mia madre solleva lo sguardo, ma non verso il mio viso. Osserva il mio riflesso nello specchio. «Ciao» mi saluta con un tono che non ha mai usato quando ero piccola, ma con il quale ha preso a parlare spesso appena si è messa la dentiera. È come se una nuova personalità dotata di voce propria fosse arrivata insieme a quei denti. È diversa da quella che emerge durante gli episodi in cui mia madre rivive momenti del suo passato, e che a volte scivola nella lingua malese. È la voce dell'umana che vorrebbe essere, credo. È molto gentile e il suo accento è piuttosto elegante e britannico.

«Ciao» ripeto. Siamo fianco a fianco allo specchio. Ci assomigliamo, immagino. Di solito, penso a me stessa come a qualcuno che ha ereditato i tratti fisici del padre, non della madre – il mio corpo umano, il mio vampiro interiore. Più che altro mi vedo per metà giapponese e per metà mostro, come se il lato mostruoso avesse consumato tutto ciò che aveva a che fare con l'identità di mia madre. Ma, in questo momento, le divisioni in me sembrano meno chiare.

«Sei molto bella» afferma mia madre. «Da dove vieni?» mi chiede, guardando la pelle del mio collo e poi il mio viso, e infine i miei capelli arruffati.

«Non so cosa dire, mamma.»

Mi guarda, accigliata.

«Be', papà era giapponese, vero?» riprendo. Il suo cipiglio non scompare, ma cambia: mi fissa come se stesse cercando di individuare il mio lato giapponese, così da poterlo girare e rigirare tra le sue mani come un oggetto e capire cosa prova al riguardo.

A volte, mi sono domandata se mia madre non avesse scelto di stare con un essere umano giapponese in modo da poterlo controllare e consumare, da poter essenzialmente colonizzare il suo corpo nel modo in cui il Giappone aveva colonizzato la Malesia per un breve periodo. Mi guardo intorno nella stanza, pagata dai dipinti di papà, chiedendomi se anche lei avesse pianificato di usare le sue opere – che hanno sempre venduto abbastanza bene da tenerci a galla – in questo modo. Per sostenersi, per nutrire la sua vita, in pratica, e farla progredire. «Sai che lo era» sussurro. «E mamma, guardati. Guarda la tua pelle. Suvvia.»

Mia madre allunga le braccia davanti a sé e ne osserva il colore, poi le tira indietro e batte le palpebre come per ripristinare la sua mente, dimenticando ciò che ha appena visto.

«Come ti chiami?» mi chiede.

Mi siedo sul suo letto e mi prendo la testa tra le mani. «Lydia, mamma» rispondo. «Lo sai.»

«Lydia. Che bel nome europeo» commenta. E poi aggiunge, a bassa voce: «Mia figlia si chiamava Lydia».

«Sono io, tua figlia.»

Mia madre scuote la testa. «Mia figlia è morta. Subito dopo la nascita.» Il suo accento è cambiato. È ancora britannico, ma non più elegante. È la voce di mia madre.

Mi tolgo lo zaino e lo apro. Tiro fuori una grande scatola per il pranzo che ho comprato ieri e che ho riempito con un po' di sangue di maiale essiccato. Assomiglia un po' a della ghiaia. Non sembra appetitoso. Mi alzo. «Lo metto nella tua credenza, okay? È il tuo cibo.»

Mia madre mi ignora e continua a parlare. «Non ho potuto salvarla» continua. «Non voleva mangiare. Aveva un problema con il sangue. È diventata tutta blu.» Sta guardando dall'altra parte della stanza verso il dipinto della mucca, come se lì fosse raffigurato il suo passato.

«Non è terribile? Non sono riuscita nemmeno a salvare mia figlia.»

«Mamma» la chiamo. «Mi stai a sentire? Questo è il tuo cibo. È importante.»

«È morta tra le mie braccia.»

«Cavolo» sbotto, e poso il cestino del pranzo sul bancone che ospita anche un piccolo bollitore elettrico, un forno a microonde e alcuni contenitori e tazze per microonde. Che posto miserabile, direi. Ogni stanza qui dovrebbe essere dotata di bagno, stoviglie, frigorifero, cucina, ma questa sembra una riduzione estrema di ciò che dovrebbe essere una cucina: ha perso ogni caratteristica identificabile finché non ne sono rimaste che le ossa nude. Mi volto verso mia madre, ma mi rendo conto che non sopporto di guardarla quando sembra così triste, quando sostanzialmente sta soffrendo per me. Chiudo gli occhi.

«Non è morta, mamma» le spiego.

«Ho fallito come madre.»

«Mamma.»

«Lydia!» esclama.

Apro gli occhi. «Vedi? Lo sai chi sono, allora!» Mi sta guardando ed è chiaro che mi ha riconosciuta. La sua espressione è la stessa di quando mi rimproverava, da adolescente. Ci fissiamo per un momento. Ma poi il suo cipiglio sfuma e il suo volto è di nuovo privo di emozioni e lei dice, in un raffinato accento inglese: «Che bel nome europeo».

Lascio andare un lungo sospiro. Quindi prendo di nuovo la scatola del pranzo e ripeto: «Questo è il tuo cibo».

«Cibo?»

«Sì, è per te, da mangiare una volta che hai finito quello che è nel frigo.»

«Oh, grazie» risponde. Poi sorride al mio riflesso e vedo la sua dentiera. Due file di denti smussati perfettamente bianchi: il sorriso di un'altra persona sul suo volto.

«È importante che mangi» ribadisco. Decido di non menzionare l'incidente del morso. Guardarla sorridere allo specchio mi fa pensare che non se ne ricorderà. «Ma devi mangiare qui, va bene?»

Mi guarda con aria innocente. «Qui?»

«Sì, qui dentro. Da sola.» Mi sento male a dirlo. Mia madre mi aveva detto la stessa cosa quando ero all'inizio della scuola elementare, quindi so quello che si prova nello scoprire che qualcosa di vitale come mangiare deve essere tenuto nascosto agli altri. Quando avevo quattro anni, mia madre scaldava il sangue di maiale in una casseruola prima che andassi a scuola e lo versava in una fiaschetta di buona qualità; mi aveva regalato un thermos con una cannuccia telescopica di plastica opaca che faceva parte del coperchio, invece di uno con una tazza e un beccuccio, in modo da poter mangiare in pace e non attirare l'attenzione su di me. Aveva detto ai miei insegnanti che avevo un disturbo allo stomaco, il che significava che potevo seguire solo una dieta liquida; e lei mi aveva raccomandato di non raccontare mai a nessuno cosa ci fosse nella fiaschetta. «La tua vita dipende da questo» aveva detto. «E se qualcuno lo scopre, verrai portata via da me per sempre.» Non posso ripetere la stessa cosa a mia madre, ora, dal momento che è già stata portata via da me per sempre; o, meglio, sono stata io ad allontanarmi da lei.

«Le persone di qui non capiranno se ti vedono mangiare il tuo cibo speciale, okay?» le spiego, invece. «Sono pignoli e gli piace solo quello che già conoscono.»

Mia madre annuisce, diligente. «Va bene», e io chiudo l'armadietto.

«Ehm, mamma?» mi sento dire. Mi correggo: «Voglio dire, Julie?».

Lei annuisce. Ha un aspetto gentile.

«Ho incontrato una persona» le racconto, «e ho fatto una cosa. Non so se sia stato un errore o meno.»

Lei china la testa verso di me.

«Io...» Le parole "ho bevuto il suo sangue" sono nella mia testa, le rigiro di continuo ma poi mi rendo conto che non servirebbe a niente dirglielo. Non le farebbe bene in ogni caso, in qualunque stato si trovi, chiunque pensi di essere. Quando la guardo negli occhi, tutto ciò che vedo è umano; lei non capirebbe.

«In realtà, va bene» correggo il tiro. «Probabilmente andrà bene.»

«Sono sicura che andrà tutto bene» dice mamma. Non la guardo. Mi confonde stare con lei quando è così. Non posso davvero dire chi sia la persona di fronte a me. Non è la madre che conosco, e non è nemmeno la donna che è stata prima di essere trasformata. È quasi come se stesse mettendo in scena una realtà diversa in cui è solo umana ed è effettivamente di etnia inglese; è come se fosse diventata ciò che questa stanza e il suo arredamento si aspettano che sia. Mi concentro sulla cerniera del mio zaino come se fosse bloccata, pensando al bigliettino nella tasca anteriore che elenca i dolci della sua vita umana, e mi sento alquanto stordita, instabile nel mio stesso corpo. Mi metto lo zaino in spalla. «Devo andare» annuncio.

Mi avvicino a mia madre, in modo da essere proprio dietro di lei. In realtà, non sono molto brava con gli addii o con qualsiasi altra forma di saluto, se si tratta di mamma, anche quando è del tutto presente nel suo corpo, metà umana e metà demoniaca.

«Uhm, okay, quindi... ciao» dico, e le tocco goffamente la spalla. Prima che possa girarmi per andarmene, però, mi afferra l'avambraccio. I suoi occhi si spalancano. Le sue nocche sbiancano. E poi mi dice in un sussurro: «Stai attenta!». Mi acciglio. «C'è un uomo che se ne va in giro, qui.»

«Va tutto bene, mamma, è il dottore.»

«Gli piacciono le donne con il tuo aspetto. Ti seguirà, se ti vede. Morde.» Sembra disperata.

«Sul serio, starò bene» la rassicuro.

«E invece no. Non starai bene.» Sta scuotendo la testa.

«Okay» ribatto. «Come dici tu. Starò attenta.» E poi libero il braccio dalla sua presa. «Devo andare.»

Vedo la sua espressione crollare quando esco. Sembra triste e assonnata; batte le palpebre con lentezza e mi guarda mentre me ne vado.

Il dottor Kerr non si vede da nessuna parte, nel corridoio. Giro a sinistra e mi avvio alle doppie porte che conducono all'esterno, verso i giardini, anziché a destra in direzione della reception e della sala d'attesa. Mentre cammino, penso a qualcosa su cui mi sono interrogata spesso, e cioè se magari mia madre mi abbia trasformata da bambina non per salvarmi la vita, come mi ha raccontato, ma piuttosto per avere qualcuno che badasse a lei per tutto il resto della sua esistenza.

Ero troppo piccola quando mi ha trasformata perché possa ricordarmene adesso. Ma lei mi ha spiegato come è successo. Quanto ero malata. Come di notte si intrufolava nella stanza per bambini in cui ero ricoverata, staccava i monitor, apriva la mia incubatrice e mi tirava fuori come un uovo di gallina. Mi teneva a contatto con la sua pelle anche se, a differenza dell'uovo con la gallina, era la mia a riscaldare quella di mia madre e non il contrario. E poi una notte mi ha morso sul collo, tenendomi la testa in una mano e il corpo nell'altra, e, a quanto pare, io non ho nemmeno pianto. Poi si è morsa il braccio e me lo ha fatto succhiare. Il mio primo pasto. E sono stata salvata.

All'età di nove o dieci anni, mia madre mi ha detto che trasformarmi era stato il sacrificio più grande che avesse mai compiuto, «perché non avevo idea se tu potessi continuare a crescere o se dovessi rimanere bambina in eterno, e altrettanto in eterno una mia responsabilità». Ma ora mi chiedo se in qualche modo non avesse sempre saputo che sarei cresciuta, e se l'avesse detto solo per farmi sentire in debito con lei. E se è andata così, ha funzionato. Ha giustificato il suo comportamento. La sua follia e i suoi stati d'animo alterni, il suo odio per se stessa mentre crescevo. Ciò che è in me, che mi rende ansiosa, che mi fa sentire come se stessi sbagliando tutto e in un certo senso non fossi sulla strada giusta e fossi cattiva, viene da lei. Eppure, l'ho sempre perdonata. Una volta mi ha raccontato che, mentre era incinta, era preoccupata che nascessi come un demone completo – in pratica, solo un'ombra con due occhi che inghiottiva le persone e le prosciugava della loro umanità. Mi aspettavo che proseguisse con una frase che iniziava con "E invece tu eri..." o "Ma non avrei dovuto preoccuparmi...", invece non l'ha fatto. Ora mi domando se io le sia servita solo per riversare tutto ciò che disprezza di se stessa, qualcosa che possa accrescere l'odio verso di sé, in modo da avere compagnia nei suoi sentimenti. «Siamo entrambe creature che sono emerse non dalla nascita ma dalla morte» mi ha detto una volta. «Da una fine piuttosto che da un inizio, e noi esisteremo insieme finché non moriremo di nuovo, e il mondo morirà con noi.»

Siamo separate, ora. Perfettamente divise. E sento di poter finalmente iniziare la mia vita. Ma ho la sensazione che il peso della sua solitudine non mi lascerà mai.

Al ritorno verso Londra, prendo il treno per la stazione Victoria, non so perché. Il treno per St Pancras è migliore, più pulito e veloce, e sarebbe dovuto arrivare solo tre minuti dopo. Mi sembra, in un certo senso, una sorta di forma minore di autolesionismo. Non che non creda di meritare il treno migliore, ma al contempo mi pare di meritare un viaggio lungo e scomodo su un vecchio treno sporco. La carrozza è quasi vuota quando salgo. Mi siedo ai quattro sedili con il tavolo di metallo al centro. Ne asciugo il ripiano con la manica, mi lascio andare all'indietro e chiudo gli occhi finché il treno non inizia a muoversi. Poi, guardo la campagna fuori dal finestrino. Passiamo alcuni ruscelli; scorgo delle lepri in piedi ai margini di campi parzialmente allagati, alcune chiese, scuole con bambini nel parco giochi all'ora del pranzo. Quindi, superiamo un lungo ponte – chiudo di nuovo gli occhi, sollevata al pensiero che ora ci sia un fiume tra me e mia madre.

Più tardi, nel pomeriggio, sono di nuovo alla galleria che stacco le etichette da cinquanta bottiglie di vino vuote, che verranno poi usate come portacandele per l'inaugurazione della mostra, dopodomani. Sono in piedi davanti a un lavandino industriale in una stanza che, a giudicare dai prodotti per la pulizia nell'angolo, sembra un ripostiglio, e mi prendo una pausa per inviare un'e-mail al dottor Kerr per aggiornarlo sulla mattinata e scusarmi di non averlo cercato prima di andarmene. C'è uno specchio opaco di fronte a me, con della vernice schizzata qua e là. Non vedo il riflesso di Gideon, in piedi sulla soglia alle mie spalle. La sua voce è il primo segnale della sua presenza che percepisco.

«Ciao» mi saluta. Blocco lo schermo del telefono e lo rimetto in tasca. «Scusa, non volevo spaventarti.» Sta sorridendo.

«Ti serve questa stanza?» Comincio a sistemare le bottiglie sullo scolapiatti.

«No.» Entra e chiude la porta. Per un momento, mi preoccupo che sappia che ho rubato il burattino e sia venuto a parlarmene. Ma lui dice: «Sto facendo un controllo con tutti. Per vedere come state».

«Oh, sto bene.» Metto giù lo strofinaccio, prendo una

delle bottiglie che ha ancora l'etichetta attaccata e la lascio cadere nel bagno di acqua e sapone nel lavandino. «Grazie» aggiungo. Indossa abiti simili alla prima volta che l'ho visto. Una camicia dal colletto alto, giacca scura e pantaloni. Le sue scarpe sono lucide, marroni e a punta. Si direbbe quasi una persona diversa, però. Tutto in lui sembra più aperto e amichevole. «Sei Lydia, vero? Continua pure» mi incoraggia, indicando le bottiglie. «Non badare a me.»

«Sì» rispondo. Non correggo il mio nome con "Lyd". Sembra inappropriato che qualcuno nella mia posizione corregga qualcuno nella sua. Torno al lavandino e immergo le mani nell'acqua tiepida, cercando la bottiglia. Quando la trovo, prendo la spugna e inizio a strofinare la parte in cui è rimasta la colla sul vetro, su e giù, su e giù. Gideon osserva e si siede su uno sgabello in un angolo.

«Volevo scusarmi per come ci siamo incontrati» dice alla fine.

«Oh.» Non capisco cosa intenda. Avevo intenzione di scusarmi per la stessa cosa, per non averlo riconosciuto il primo giorno. Metto la bottiglia ormai priva di colla sullo scolapiatti, dove ce ne sono molte altre allineate.

«Non ti avevo riconosciuta. Tuo padre era Taiyo Kobayashi.» Mi porge una bottiglia dalla cassetta e io l'immergo nell'acqua. «Dovresti prima lasciarle in ammollo, sai. Mettine dentro un bel po'.» Me ne passa altre e le sistemo nel lavandino.

«Conoscevi mio padre?»

«No» risponde Gideon. «Ma colleziono i suoi lavori.»

Vengo colta alla sprovvista. «Davvero?» Non ho mai incontrato nessuno che conoscesse i dipinti di papà.

«Sì.» Percepisco un po' di compiacimento nella sua voce, come se magari si aspettasse di essere ringraziato.

«Devi essere stata influenzata da lui, come artista.» Per Gideon è un'affermazione, non una domanda. «Sarebbe interessante vedere il tuo lavoro.»

«Suppongo sia vero, sì» ammetto, sentendomi di nuovo in colpa perché non lavoro da troppo tempo.

«Avevate un bel rapporto?»

«In realtà, è morto prima che nascessi.»

«Ah, capisco.» Per un momento, Gideon sembra quasi deluso; rimane fermo per un attimo di troppo e mi chiedo se si aspetti che io elabori, che gli dica qualcosa di mio padre o del suo lavoro. Ma poi l'espressione sul suo viso cambia. «E come vanno le cose per te, qui?»

«Sì, be', si lavora duro...»

«Heather ti sta sfibrando?» Sorride.

«Uhm...» mugugno, intuendo che Heather debba essere la donna che mi ha sistemata nella cabina delle marionette l'ultima volta.

«Non badarle più di tanto. Abbaia ma non morde.» Gideon si alza. «Be', è stato un piacere conoscerti» afferma, ponendo fine alla nostra conversazione. Annuisce una volta, poi se ne va, chiudendosi la porta alle spalle.

Appena è uscito, mi siedo sul pavimento. Sblocco il telefono. Ho due chiamate perse da Crimson Orchard, e un messaggio in segreteria che non ascolto. Salvo in bozze la mia e-mail per il dottor Kerr e poi cerco Gideon su Google.

So poco di lui: che è molto rispettato ma abbastanza nuovo alla direzione; che è conosciuto prima di tutto come collezionista di arte e manufatti da tutto il mondo, opere che chiama "world art" allo stesso modo della "world music". Trovo un profilo recente su *Vogue* in cui dice che non gli piace il termine "collezionista d'arte". Preferisce "difensore dell'arte", un'espressione che non ho mai sentito prima e che non capisco appieno. Nell'articolo, è descritto come qualcuno che offre opportunità ai giovani artisti ed è responsabile dell'avvio alla carriera di molti tra questi: ci sono dei nomi elencati. Ne riconosco alcuni: due sono vincitori del Turner Prize, uno ha una mostra personale in questo momento al Serpentine. Mi chiedo se per caso non sarebbe stato meglio condividere di più su di me, mentirgli e raccontargli che ho un sacco di opere d'arte che mi piacerebbe mostrargli – e poi mettere in piedi qualcosa in fretta e furia, qualsiasi cosa, se avesse acconsentito a una visita in studio – e se avrei dovuto dirgli che un giorno voglio diventare anch'io una gallerista. Forse avrei dovuto essere onesta e confessargli che speravo di affiancare qualcuno, durante questo tirocinio, e imparare come funziona la gestione di una galleria; forse avrei dovuto chiedergli apertamente se potessi affiancare proprio lui.

Prendo l'autobus verso il mio studio. Quando sblocco il telefono, il profilo di Gideon su *Vogue* è ancora aperto nel mio browser. Nella foto che accompagna l'articolo, opere d'arte provenienti da tutto il mondo sono sparse sul pavimento, sulle pareti, persino appese al soffitto. Al centro c'è Gideon, seduto su una sedia di legno che sembra un trono.

Guardandolo ora, mi chiedo quali pezzi di mio padre possieda, se li abbia comprati quando lui era ancora vivo, se si siano mai incontrati, se Gideon abbia aiutato la carriera di mio padre. Una volta che ho finalmente terminato e inviato la mia e-mail al dottor Kerr, guardo tra le mie foto finché non trovo alcuni dei pezzi che ho esposto per la mia mostra di laurea, poco più di un anno fa. Non sono immagini eccezionali, ma faccio lo screenshot delle migliori, in modo che appaiano in cima al mio rullino fotografico e siano facili da mostrare a Gideon, in caso dovessi avere la possibilità di parlargli ancora.

Scendo dall'autobus, vicino a Trafalgar Square. Un'idea ha preso forma nella mia mente. All'università, mettevo in scena delle performance in cui mi sedevo su vari materiali di lunga durata, come plastica, alberi, pietra, e gradualmente vi incollavo la mia pelle, oppure creavo un collegamento tra me e quel materiale grazie all'argilla o al gesso, e dipingevo il punto di giuntura in modo che assomigliasse al materiale di partenza: la corteccia di un albero, il marmo, il cemento. Volevo sembrare parte del materiale che stavo usando, come quest'ultimo era parte di me. Penso che quei lavori provenissero da una sorta di desiderio ingenuo e giovanile di essere vista per quello che ero, che il mio corpo fosse visto per quello che è: questa cosa eterna che non si deteriora, umana in un modo che è familiare ma anche no. Il pubblico mi ha vista passare attraverso il processo di incollaggio e credo che con ogni probabilità si sia sentito escluso dal significato del lavoro, perché io non potevo in nessun modo rivelare di essere un vampiro nella biografia o nella didascalia sul muro. Tanto per cominciare, nessuno mi avrebbe creduto; avrei soltanto suscitato preoccupazione per la mia salute mentale. La maggior parte delle persone presumeva, in assenza di spiegazioni, che il lavoro riguardasse la razza, dato che avevo un aspetto diverso dagli altri. Ora, però, l'urgenza che avverto è quella di tornare a dipingere, a lavorare su uno spazio piccolo e contenuto come un pezzo di tela, una tavola di legno o un foglio di carta costosa, o forse anche di seta, come quello su cui lavorava mio padre, per vedere se riesco a trovare la forma di ciò che sono in qualunque cosa io crei, per cercare di identificarmi in qualche maniera, separata dalle definizioni di mia madre e dalle sue superstizioni, e attraverso il mezzo preferito dal mio padre umano. Non sono sicura di quale forma assumerà il dipinto, o di quale assumerò io, ma ora attraverso la strada, il traffico e la folla in direzione di Cass Art per acquistare i materiali.

5

È il giorno prima dell'inaugurazione della Lontra, così c'è bisogno di me in galleria. Mi sono svegliata presto. La fabbrica è immersa nel silenzio. Rimango seduta sul pavimento dello studio per un po' e faccio partire *Chef's Table* sul mio portatile. È l'episodio sulla suora coreana buddhista. Chiudo gli occhi e l'ascolto mentre parla del cibo da tempio; c'è qualcosa di rassicurante nell'ascoltare qualcuno che parla in una lingua che non capisco. Cerco di captare parole di cui possa conoscere il significato, ma non ne trovo nessuna. Di tanto in tanto, il presentatore parla di funghi; a volte, mi arrivano i suoni delle verdure fatte a pezzi, dell'acqua che bolle, dell'olio che frigge, delle ciotole che urtano contro il ripiano di legno del tavolo. A volte mi chiedo se una vita semplice come quella sarebbe stata la vita che avrei scelto se fossi stata umana.

Apro gli occhi e sblocco il telefono. Su Instagram, trovo

un messaggio di Ye-Ye, una vecchia compagna di scuola. Inizia con "Ehi, Lidl", il soprannome che mi aveva dato. Ricordo com'era vivere in quel nome, mi stava bene addosso: sembrava appartenermi più di Lydia perché, suppongo, mi dava la sensazione di aver trovato il mio posto nell'amicizia con Ye-Ye, che era l'unica altra asiatica nella nostra scuola e che quindi capiva alcune delle ragioni per cui mi sentivo – ed ero costretta a sentirmi – diversa. Trascorrevamo ogni singola pausa pranzo nella nostra aula. Insieme, ignoravamo i ragazzi che dicevano che il nostro cibo era strano – che il mio thermos doveva contenere zuppa di carne di cane e che il pranzo di Ye-Ye era disgustoso quando, in realtà, era solo un pasto equilibrato a base di tofu, cavolo cinese, riso e castagne d'acqua. Quando eravamo sole, stendevo il mio corpo sul busto di Ye-Ye con la testa appoggiata appena sotto la sua clavicola, sopra un paio di tavoli accostati. Si contorceva lontano dalla mia pelle fredda ogni volta che le mie mani o il mio collo entravano in contatto con lei. Tuttavia, mi sentivo a mio agio perché il corpo di Ye-Ye mi sembrava familiare. Aveva le stesse dimensioni del mio, cresceva alla stessa velocità: gli arti ancora infantili e magri, i seni non ancora sviluppati. Ma ora sono rimasta indietro, il mio corpo congelato nel tempo. Più passano gli anni, meno posso sentirmi legata a lei.

Ye-Ye vive a Londra, ma non le ho detto che sono qui.

"Come stai? Mi manchi! Voglio notizie della tua vita. Stai bene? Fammi sapere se mai dovessi incontrarti a Londra" leggo nel messaggio. Non rispondo, e credo che non lo farò, anche se vorrei, e vorrei parlarle del tirocinio, della mia arte o della sua assenza, di mia madre e di Ben, di come ci si senta a bere da lui - anche se tramite un asciugamano, anche se in così piccole quantità - di come farlo mi sia sembrata un'espressione d'amore gioiosa e pronta a celebrare la vita, piuttosto che il contrario; ma è come se la mia realtà fosse separata da quella di tutti gli altri. Non si sovrappone. Non potrà mai sovrapporsi.

Mia madre mi ha insegnato come perdere gli amici quando ero un'adolescente. Mi ha istruita su come allontanarmi dalla vita delle altre persone in modo che alla fine smettessero di contattarmi e si dimenticassero della mia esistenza. Mi ha insegnato come risultare noiosa agli amici, a seconda di ciò che li interessava, o come comportarmi in maniera più appiccicosa di quanto non fossi, cosicché l'altra persona cercasse di sbarazzarsi di me per prima. Tuttavia, non ho dovuto mettere in pratica molte delle lezioni di mamma, perché in primo luogo non ho mai avuto tanti amici da perdere. Solo Ye-Ye, in realtà. Gli amici che ho incontrato all'accademia d'arte mi conoscevano così poco - dal momento che non passavo mai del tempo con loro al di fuori delle lezioni - che sin dall'inizio sono risultata facilmente dimenticabile, e dubito che qualcuno di loro mi abbia mai definito amica, ma solo una conoscente, o molto probabilmente una compagna di classe.

«Appartieni a una specie diversa. Pensi che non si accorgeranno che non invecchi? Quando avranno trent'anni e tu sarai ancora come adesso? E quando ne avranno quaranta, cinquanta? Qualsiasi amicizia è una bugia fin dall'inizio» mi ha detto mia madre il giorno in cui mi ha insegnato come perdere Ye-Ye, e in risposta alle mie proteste. «E comunque, Lyds, ogni cosa nella vita di ciascuno è temporanea. È solo che avrai la sensazione che queste cose siano più temporanee di altre perché la tua vita è così lunga. Quindi non è qualcosa per cui piangere.»

Tuttavia, allontanarmi di proposito da Ye-Ye, con cui avevo condiviso tanto sin da piccola, mi ha fatto sentire come se fossi stata crudele con lei. Non era il tipo di persona che avrebbe tagliato fuori un'amica dalla propria vita semplicemente perché non rispondeva o se n'era rimasta in silenzio per un po', cosa che, stando a quanto diceva mia madre, un numero sorprendente di persone è capace di fare. A Ye-Ye importava di me. Quando ho smesso di contattarla, all'inizio, ogni giorno mi scriveva messaggi per assicurarsi che stessi bene; poi era passata a ogni settimana, poi ogni due mesi. Il messaggio che ho ricevuto oggi è il primo in un paio d'anni. Quando in passato ho raccontato a mia madre che Ye-Ye mi contattava ancora, lei ha risposto: «Immagina che sia morta. Che quei messaggi siano il frutto della tua immaginazione». Chiudo Instagram e blocco lo schermo. Quello che mia madre mi ha insegnato sull'amicizia è una delle poche cose che so essere completamente vere. Le persone – mortali e capaci di invecchiare – sono come i fiori: stagionali, sul punto di appassire e con una data di scadenza, mentre io sono un albero.

Heather mi fa entrare appena arrivo alla galleria. Mi accompagna al piano di sopra in una stanza vicino agli uffici, dove ci sono alcuni manichini rotti sdraiati sul pavimento, un paio di divani, una macchinetta del caffè su un bancone con una pila di cialde e una selezione di barrette di cereali e biscotti su un piatto d'argento decorato.

«Okay, allora, non toccare quelli o il frigorifero o il caffè» noto un grande frigorifero che ronza piano nell'angolo, «ma sei libera di servirti dell'acqua del rubinetto, okay? Dovrai trovarti una tazza.» Heather mi istruisce su cosa bisogna fare stamattina: devo attaccare imbottiture di velluto a una serie di grucce in legno che sono sul pavimento tra i divani.

Gideon non sembra essere da nessuna parte. In effetti, pare che qui ci siamo solo Heather, io e un'altra stagista, oggi – una ragazza, probabilmente una neolaureata in arte come me, seduta nel teatro delle marionette, a guardare nervosamente fuori. Ho pensato di sorriderle mentre passavo, ma ero con Heather e, in quel momento, Heather mi stava guardando, dicendomi a che ora dovevo arrivare per l'inaugurazione l'indomani. Qualcosa mi sussurrava che non dovevo sembrare debole di fronte a lei, e quindi non dovevo mostrarmi consapevole dell'esistenza della ragazza nel teatro delle marionette e, di conseguenza, associarmi a quello che era in pratica un precedente modello di stagista.

«Gli ospiti di domani sono estremamente importanti» spiega ora Heather. «Capisci?»

«Sì» confermo.

Heather scuote la testa e se ne va.

Mi siedo su uno dei divani che ho accostato al muro in modo che sia vicino a una presa dove posso caricare il mio telefono. Ho sistemato sul pavimento alla mia sinistra una scatola per le grucce con le imbottiture appena aggiunte, affinché possano essere trasportate al guardaroba al piano di sotto in una volta sola. Alcune si sono aggrovigliate. Inizio da quelle.

È da un bel po' che smisto le grucce. L'altra stagista e forse anche Heather devono essere andate via, perché la galleria è completamente immersa nel silenzio. Comincio a chiedermi se ci sarà qualcuno qui a dirmi cosa fare quando avrò finito il mio lavoro della giornata. Tuttavia, quando sono a metà dell'opera, sento un leggero scricchiolio vicino al frigorifero. Sono le assi del pavimento: sembrano essere tutte smosse, quassù. Alzo lo sguardo e, sulla soglia in ombra, vedo un uomo che mi osserva. Batto le palpebre.

Se fossi del tutto umana, non credo che sarei in grado di scorgere nel dettaglio la figura che riconosco subito essere Gideon. Ma, dato che sono quello che sono, posso vedere tutto di lui. Per poco non lo saluto, ma qualcosa in questa situazione mi rende nervosa, per cui rimango in silenzio e lo guardo con la coda dell'occhio. Gideon è sulla soglia, al buio. Il viso è privo d'espressione. Non ha necessariamente un aspetto inquietante, però non sembra nemmeno del tutto normale. Il suo volto è rigido e chiuso a riccio, a differenza dell'ultima volta che l'ho visto; una ruga gli increspa la fronte, la mascella sembra serrata, i suoi piccoli occhi rotondi battono appena le palpebre mentre mi guardano. Continuo a lavorare, fingendo di non averlo notato. Infilo quattro delle imbottiture di velluto sui ganci delle grucce, ascoltando i suoi movimenti e preparandomi per il momento in cui annuncerà la sua presenza.

Passano così circa cinque minuti. Ogni volta che finisco una gruccia, giro appena il corpo per infilarla nella scatola e, mentre lo faccio, intravedo Gideon, solo con la coda dell'occhio e per un istante, prima di tornare alla gruccia successiva. Prendo in considerazione l'idea di alzarmi e andare al frigorifero, aprire lo sportello e magari fare come se avessi del cibo lì dentro. Ma Heather mi ha detto esplicitamente di non toccarlo, e io ho paura di fare qualcosa di sbagliato. Forse Gideon è lì solo per tenere d'occhio non me, ma il frigorifero, il caffè e il piatto d'argento con le barrette di cereali e i biscotti intanto che sono qui. Forse sono io la minaccia e queste tre cose sono particolarmente importanti e devono essere protette da me e dagli altri stagisti. O forse questo è un altro test e Gideon si sta preparando a compilare una check-list con il mio nome in cima e a mettere un segno di spunta accanto a "capace di resistere alle tre tentazioni". I compiti che mi è stato chiesto di svolgere per questo tirocinio sono stati talmente banali o assurdi che non ne sarei sorpresa. Gideon rimane incredibilmente immobile, così immobile che comincio a chiedermi se io stia scambiando un'ombra per la sua presenza.

Afferro una nuova gruccia nuda e un'imbottitura. Questa è un po' più complicata delle altre, poiché non è stato praticato un foro attraverso l'imbottitura per farla scivolare sopra il gancio, quindi devo praticare un buco da sola, spingendo con forza il tessuto contro l'estremità dell'uncino. Nel frattempo, sento una voce – una voce di donna – che grida a qualcuno: «Puoi andare a prendere Gideon?» dal piano di sotto, e poi le assi del pavimento quassù scricchiolano. Alzo lo sguardo e Gideon è sparito.

L'intero piano si anima dei suoi passi; anche le assi del pavimento sotto i miei stessi piedi sembrano vibrare, come se il corpo di Gideon fosse significativamente più pesante di quanto non sembri, come se anche la sua influenza e il suo potere su questa istituzione avessero un peso.

Il resto della mattinata trascorre in silenzio. Sebbene mi senta diversa dal solito, nel lavorare da sola. Mi sento esposta e ansiosa. In passato, quando gli uomini mi guardavano, di norma in luoghi pubblici, volevo quasi piegare il mio corpo e riporlo da qualche parte. In quei momenti, mi sentivo più umana del normale, più donna, più definita dalla mia forma che da quello che avevo dentro. Ora, però, non so davvero come interpretare ciò che è appena successo. Non mi è chiaro se Gideon abbia fatto qualcosa di sbagliato. Se gli avessi fatto capire che potevo vederlo e gli avessi detto che mi stava mettendo a disagio, forse si sarebbe scusato e se ne sarebbe andato. Non mi stava necessariamente osservando per qualche motivo sinistro; forse, nelle professioni normali, i datori di lavoro tengono d'occhio i propri dipendenti tutto il tempo. Anche se suppongo di non essere tecnicamente un'impiegata, qui. Finisco le grucce e prendo la scatola per portarle di sotto. Non è pesante, ma è ingombrante. Mi copre la faccia quando la sollevo, quindi non riesco a vedere bene dove sto andando. Appoggio il cartone sul pavimento e lo spingo. Proprio accanto alla porta, c'è una libreria. I libri che ospita sono laceri, come se fossero stati letti molte volte. Mi fermo a guardarli.

Alcuni sono libri che non ho mai visto prima e che si adattano al tema della mostra. Ci sono diversi volumi su Walter Potter. Uno si chiama *Dolce morte: Banchetto con gattini*; un altro, *Il visionario vittoriano: L'inventore del kitsch* – ce ne sono alcuni su carnevali, fiere, murales nelle prigioni, arte carceraria; e un libro pesante dal titolo in oro, *Ritratti di icone: Dal graffito del Palatino alla cover dell'album* Sgt. Pepper *realizzata da Peter Blake.* Ci sono anche libri che ho già visto e che possedevo, prima di perdere la valigia. Uno è sull'espressionista astratta Bernice Bing; i colori del suo pezzo *Burney Falls* scendono a cascata lungo il dorso: rosso intenso, sfumato di arancione, delineato in nero, contro la pelle bianca, marrone e pesca. C'è anche un libro sull'artista performativa Senga Nengudi, e un altro sulla pittrice Amrita Sher-Gil. Prendo quest'ultimo dallo scaffale e si apre alla pagina centrale, dove c'è una foto del suo dipinto *Tre ragazze*. Rimango lì per un istante, a osservare i volti delle tre fanciulle: calmi, in paziente attesa. Sono rannicchiate vicine, come se fossero sorelle, ma non credo che lo siano: sembrano troppo diverse.

Avevo una cartolina di questo dipinto attaccata al muro in passato. Non c'era scritto niente sull'altro lato, ma l'ho tenuta perché l'avevo trovata nascosta nella cornice di legno di uno dei dipinti di papà. A un certo punto è scomparsa ma, quando ancora l'avevo, la guardavo spesso e avevo l'impressione di sapere – come se lo sapessi davvero, come se avessi un sesto senso per queste cose – che le ragazze raffigurate erano vampiri e che erano ancora lì fuori nel mondo, esattamente come quando Sher-Gil le aveva dipinte nel 1935, e che un giorno le avrei incontrate.

Il quadro, avevo deciso da bambina, raffigurava tre ragazze che aspettavano in silenzio che tre fratelli uscissero da una casa per mangiarsele.

Ero ossessionata da questo dipinto, benché non avessi prove dell'esistenza di altri vampiri. Mia madre mi ha sempre detto che non ce n'erano e, quando ho replicato che non poteva essere vero, mi ha semplicemente chiesto di smetterla di infastidirla. Una volta, però, penso di averne quasi incontrato uno. Alla festa di compleanno di un mio compagno delle elementari, avevo provato una strana attrazione per un'altra bambina. Intanto che gli altri mangiavano la torta, io e questa bambina giocavamo nella vasca delle palline. Avvicinandomi a lei, avevo sentito un odore familiare provenire dal suo corpo e non avevo avvertito il calore emanare dalla sua pelle. Prima che potessi chiederle qualcosa, però, mia madre mi aveva tirato fuori dalla vasca delle palline e mi aveva portata a casa, e non sono mai più andata a una festa di compleanno. Quindi questo dipinto era tutto ciò che avevo, e non era nemmeno davvero una rappresentazione di vampiri. Avevo deciso, tuttavia, che ritrovare una foto di quest'opera tra le cose di mio padre significava che, se lui mi avesse incontrata, mi avrebbe amata e accettata per quello che ero; avrebbe addirittura potuto dipingermi, forse con gli stessi colori usati da Sher-Gil. Mi ritrovo a infilare questo libro nella mia borsa, accanto al burattino che è ancora lì dentro. Non so cosa mi spinga a farlo; forse c'è una parte di me che si sente offesa da Gideon, che è arrabbiata per quanto questo tirocinio finora sia lontano dalle mie aspettative, per la mia posizione debole e vulnerabile in questa istituzione e sotto lo sguardo di Gideon. Prendo anche il libro di Bernice Bing e un volume tra il giallo e il verde lime intitolato *Le avventure di un teatro di marionette russo*, pensando che possa illuminarmi sulla creazione di marionette e che possa magari insegnarmi qualcosa sull'identità del mio burattino rubato. Questi libri sono sottili; la libreria sembra a malapena intaccata dall'assenza dei volumi che ho sottratto. Chiudo la cerniera della borsa, me la metto in spalla e poi continuo a far scorrere la scatola delle grucce sul pavimento, sentendomi – come mi è successo dopo il furto del burattino – un po' disorientata e ansiosa ma anche piuttosto felice.

Quando arrivo alla porta, sento dei passi provenire dal piano di sotto. Il suono aumenta, finché tutte le assi del pavimento non ricominciano a scricchiolare, e poi Heather mi si piazza davanti, in piedi sul gradino più alto.

«Che diavolo stai facendo? Sembra che tu stia trascinando un cadavere sul pavimento» dice. Dietro di lei, un po' più giù sulle scale e intento a sorseggiare un caffè d'asporto con gli occhiali appesi alla camicia sbottonata al colletto, c'è Gideon.

Guardo in basso verso il cartone e poi in direzione di Gideon. I suoi occhi sono molto scuri e mi osservano. Comincio a chiedermi se io sia l'unica persona che può vederlo, se in qualche modo sia in grado di nascondersi nell'ombra senza che nessuno degli altri umani se ne accorga. Heather non dà segno di avvertire la sua presenza. Si limita a fissarmi.

«Ehi? Ci sei?»

«Oh» dico, e rivolgo la mia attenzione su di lei. «Scusa.»

«Non stai prendendo a calci la scatola delle grucce, vero?» chiede Heather. «Non deve rompersi» afferma, alzando le sopracciglia e la voce. «Questa scatola non può rompersi. Capisci? Non possiamo permetterci altre catastrofi!»

«Io...» Trovo difficile capire come la rottura di una scatola di cartone possa essere considerata una catastrofe, e anche come il fatto di farla scivolare sul pavimento possa addirittura arrivare a romperla, tanto per cominciare.

«No.» Heather scuote la testa. «Non rispondermi nemmeno. Su.»

«Cosa?»

«Su. Sollevala.»

«Oh» dico, e seguo diligentemente i suoi ordini, tenendo di nuovo la scatola davanti alla faccia, e mi trascino fuori dalla stanza dietro di lei, seguendo il suono del suo sbuffare.

Quando arrivo al gradino su cui si trova Gideon, sento mancarmi il respiro, come se avessi espirato ma non riuscissi più a inspirare, quasi lui avesse rubato tutto l'ossigeno a disposizione. I passi di Heather continuano giù per tutta la scala finché non si ferma in fondo ad aspettarmi, ma io devo rallentare; la scatola passa a malapena oltre Gideon, che è in piedi su un lato. Mentre lo supero, la sua camicia sfiora la mia mano destra - la sua pelle al di sotto è molto calda- e poi un bottone, e poi, in modo allarmante, i peli dove la camicia è aperta, e il respiro dalle sue narici, bollente, mi scalda il pollice. Una volta che la scatola è passata, vedo la sua faccia. Mi sorride; è un sorriso gentile, come se stesse dicendo "oops, scusa", però non parla. Non dice nulla, non emette alcun suono, come se non volesse rivelare la sua presenza. Sorrido di rimando e vado al gradino successivo ma, intanto, sento qualcosa che mi sfiora la schiena e poi il sedere. All'inizio non so se si tratti dell'orlo o del polsino di una camicia, e quindi sia un incidente, o di una mano, ma poi diventa ovvio: le sue dita mi palpeggiano una natica come se stesse cercando di strapparmi un pezzo dal corpo. Nello stesso momento, avvicina la bocca al mio collo e il suo respiro mi riscalda la pelle.

Dopo un momento mi libera e io, sconcertata, scendo le scale barcollando. Arrivata in fondo, poggio la scatola per terra, alzo lo sguardo per vedere se Gideon è ancora lì, ma non c'è; è andato via.

Ho un po' di nausea mentre torno allo studio dalla galleria. Mi sento instabile, come se il corpo non fosse il mio, o non fosse adatto a me – come se, con il prossimo passo, io potessi accidentalmente venirne fuori, lasciandomelo dietro: una donna vuota, sola e ferma sul marciapiede, mentre i passanti la guardano e si chiedono cosa stia facendo. Quando rientro, non so dire cosa provo, se di nuovo fame o rabbia in nome del mio lato umano. Nell'oscurità dello studio, sblocco il telefono e vedo un'e-mail di Gideon. Proviene dal suo account Gmail personale piuttosto che da quello di lavoro. La apro, un po' in preda al panico e preoccupandomi, per qualche motivo, che l'e-mail possa dirmi che ho commesso qualcosa di sbagliato, invece recita semplicemente:

> Salve Lydia,
> è stato davvero un piacere parlarti, ieri, e vederti di nuovo oggi. Sarebbe fantastico se potessimo chiacchierare con più calma e mi raccontassi qualcosa in più sul tuo lavo-

ro. Sono sicuro che avremo molto tempo per farlo nelle prossime settimane.
Un cordiale saluto
Gideon

Leggo l'e-mail diverse volte. Non so cosa pensare. Mi confonde. È come se dicesse "ciò che è successo oggi non è mai successo" o "ciò che è successo oggi è normale". Blocco lo schermo, quindi mi stendo, sentendomi uno straccio, con la stanza che vortica intorno a me e lo stomaco stretto in un nodo. Mi addormento, lì sul pavimento, e il mio lato demoniaco sogna qualcosa che mi fa sentire un po' meglio. Quando mi sveglio, però, non ricordo più che cosa ho sognato.

Più tardi, strappo la pagina con la stampa di *Tre ragazze* dal libro di Amrita Sher-Gil. Lo faccio con precisione, piegando prima il foglio e dopo leccando la piega. Poi spingo il tavolo contro il muro e ci appoggio contro tutti i libri del museo, insieme ai tre della libreria del Waterloo Bridge. Prendo anche il burattino dalla borsa e lo metto a sedere accanto ai volumi con la schiena contro la parete. Gli sto di fronte, perciò è un po' come guardarsi allo specchio. Avevo dimenticato di aver chiamato la marionetta come me. «Ciao Lydia» dico ad alta voce. «Ly... di... aaah.»

Le ho sistemato accanto la stampa di *Tre ragazze*, così

gli sguardi delle giovani sono diretti verso di lei. Poi dico, immaginando che sia una di loro a parlare: «Cos'è successo oggi, eh?».

«Ugh, non lo so» faccio dire al burattino.

Sollevo una delle sedie e appoggio le gambe sul tavolo, con una piccola tela in grembo. Non l'ho preparata, quindi sto dipingendo su cotone color pesca. In azzurro, comincio a creare un'impressione della forma del burattino. Penso che il blu starà bene dietro il marrone scuro del suo viso di legno. Non faccio granché, per adesso. Non mi sento molto sicura di me nel disegno. L'ultima volta che l'ho fatto è stato alla fine delle superiori.

Il burattino sembra già leggermente fuori posto, nella sua forma dipinta di blu. Sembra vuoto, e so che lo è anche nella realtà, ma in qualche modo nella vita reale dà l'impressione di *contenere* le cose. Dopo circa cinque minuti, mi fermo e appoggio il dipinto contro il muro accanto ai libri.

Apro il libro di Bernice Bing. Guardo la sua opera *La famiglia Velasquez*. Non so come faccia. Voglio dipingere così. Ci sono delle persone, in questo strano quadro, una con una faccia verde e occhi rossi in modo allarmante, un'altra simile a un animale con molteplici arti disegnati in vernice nera e un viso bianco e senz'anima, e una donna accanto a una finestra con la faccia rossa, i capelli neri, la pelle gialla. Avvicino il viso al dipinto, così tanto che il mio naso tocca la pagina, ed è tutto ciò che riesco a vedere. Quindi sollevo il libro, mi alzo e cammino all'indietro finché sono il più lontano possibile dal foglio, ed è solo un quadratino colorato. I colori e le trame ruvide si fondono. Da qui, ciò che il dipinto ha in comune con le opere di pittori più antichi diventa chiaro: la luce e le forme di *La chiamata di Matteo* di Caravaggio – è tutto lì, come se quel quadro potesse essere un antenato di questo di Bing. È bellissimo. Lì accanto, i miei abbozzi incerti sembrano completamente disconnessi da tutta la storia dell'arte: segni blu bulbosi che fanno apparire il burattino il più distante possibile dall'umano su cui è stato modellato, ma piuttosto simile a un mostro. La mia arte è sgraziata in una maniera che non sembra intenzionale né pianificata ma caotica. È un casino, formato da frammenti che paiono incapaci di legarsi. In momenti come questi, vorrei poter chiamare mio padre e ricevere qualche consiglio da lui, farmi insegnare da lui.

Mia madre mi ha parlato della sua arte solo una volta. L'avevo beccata in una buona giornata e le avevo chiesto quanto fosse stato apprezzato da vivo. «Tutti dicevano che il suo lavoro era meraviglioso, molto raffinato, ma brutto» aveva detto. Avevo visto soltanto poche opere, ma sapevo che usava linee nere molto audaci che erano così spesse da sembrare dipinte con il catrame. I quadri di papà erano *brutti*, in un certo senso, brutali e violenti.

«Papà ti ha mai detto di cosa trattassero i suoi dipinti?» le avevo chiesto.

«Mi aveva raccontato che parlavano di guerra. Di quanto stupida fosse. Sai, i suoi genitori erano a Tōkyō durante i bombardamenti.»

«Davvero?»

«Sì. Ma tutti pensavano che la sua arte fosse così raffinata, così giapponese.» Mamma si stava facendo il letto. Aveva infilato il piumone nella fodera e adesso la stava abbottonando. «Ma era molto umana. Era questo che mi piaceva anche di tuo padre. Era molto umano.»

Mi ero sistemata accanto a lei per aiutarla con i bottoni. Lei era da una parte e io dall'altra, e a ogni asola ci avvicinavamo di un passo. «Mamma, non mi hai mai detto come è morto» avevo chiesto, esitante. «Cosa è successo...» avevo iniziato, ma mia madre mi aveva ignorata, come se non avessi parlato affatto, e aveva indicato con rabbia il mio angolo del piumone. «Lydia! Devi sistemare correttamente lo spigolo del piumone nell'angolo della fodera!» Poi, a voce alta, aveva continuato: «Devo fare tutto io per te, no? Va' di sotto, Lydia. Qua finisco da sola».

Mi siedo sul pavimento, mi allontano dal quadro e sblocco il telefono. Ho due chiamate perse da Crimson Orchard e un'e-mail del dottor Kerr. Mi lascio cadere sul cemento e leggo tenendo il telefono sopra la testa. Cara Lydia inizia l'e-mail. Grazie per averci aggiornati.

Sua madre non ha avuto altri episodi violenti, quindi ne siamo molto contenti. Tuttavia, vorremmo discutere con lei di altre questioni. Sarebbe disponibile per una telefonata?

Blocco lo schermo del cellulare, lo appoggio sul pavimento e lo spingo in modo che scivoli e colpisca il muro. Non voglio pensare a mia madre; a volte mi sembra che sia colpa sua se non ho un padre – è come se la biasimassi per non averlo trasformato, per non averlo preservato per sempre, come ha fatto con me. Mi metto lo zaino in spalla per uscire. Ho intenzione di comprare qualcosa su cui dormire e magari trovare del legno su cui provare a dipingere. Apro la scatola del sangue di maiale essiccato prima di andare, mi lecco il dito e lo immergo nella polvere. L'asciugamano di Ben è ancora qui, sul pavimento accanto alla scatola. Concentro la mia attenzione sulle macchie rosa-gialle che lo ricoprono mentre mi metto il dito in bocca e succhio via la polvere. È ancora disgustosa. Dopo, faccio degli sciacqui con l'acqua e poi vado in giro con la bocca spalancata per un po', cercando di farle prendere aria.

Si trova proprio lì, proprio al centro della riva, piuttosto carina – verde e blu, un'ala bianca, il petto color ruggine – un'anatra, morta sulla riva del fiume. È così pura ed elegante, nel modo in cui giace, che sembra una scultura, non un animale. Mai prima d'ora ho seriamente pensato di lasciare che il sangue di un uccello e, con esso, lo spirito di quell'uccello, la sua esperienza dell'andare alla deriva, spinto dalle correnti dei fiumi, il ricordo del volo, dello sfondare le nuvole – il sangue di qualcosa di così bello – circolasse nel mio corpo. Scendo con fatica i gradini di pietra che portano alla sabbia. È una giornata molto ventosa. I miei capelli sono gonfissimi: sono stati sospinti in avanti mentre camminavo e rimangono in quella posizione anche adesso che il terrapieno di pietra mi ripara dalla corrente. Le mie scarpe affondano un po' mentre cammino sulla riva.

Noto, ora che sono quaggiù, che c'è un uomo che mi osserva dall'alto. È in piedi sul lungofiume, appoggiato alla ringhiera di metallo. Lo guardo. È piuttosto attraente; giovane, con un cappotto di lana, begli stivali, bella pelle. È alto, forse un po' più di un metro e ottanta, con spalle larghe.

Quaggiù l'acqua lambisce la sabbia, sospinta dal vento. C'è un sacco di spazzatura sparsa in giro. Pezzi di plastica, pezzi di metallo, pezzi di legno, cacca di cane, un assorbente, un pannolino, qualche osso. Inspiro; l'aria sa di ciambelle: c'è una bancarella qui vicino. Poi espiro, liberando quanta più aria possibile, svuotandomi di ciò che mi rende umana. Mi accovaccio al di sopra dell'anatra. Tiro fuori la mano dalla tasca e la poso sul suo corpo.

Ancora caldo. Mio Dio. Un filo di bava mi esce dalla bocca. Non posso farci niente.

L'uomo sta ancora guardando. Ora ha un'espressione preoccupata sul viso. La mia mente è per lo più svuotata. Batto le palpebre verso di lui, e poi verso l'anatra. Poi la prendo per il collo e la sollevo dalla sabbia.

L'anatra è molto più lunga di quanto mi aspettassi. La tengo da sotto la testa. Le sue zampe oscillano. È pesante. Torno su per i gradini con lei. Adesso il vento mi scosta i capelli dal viso. Salgo sul terrapieno. Mi sento bene. Le mie labbra sono bagnate. Sto morendo di fame.

«Ehi» dico all'uomo, passandogli accanto.

Sono certa che mentre lo faccio - mentre faccio oscillare l'anatra al mio fianco e i miei capelli vengono sferzati dal vento, nel passargli accanto - lui per poco non sviene.

Mi guardo alle spalle fino allo studio. Una volta dentro, lavo il corpo dell'anatra sotto il getto del rubinetto. Non ha molto da offrire, sarà forse solo un mezzo pasto, ma poi le mordo il collo e bevo. Ancora buono. Ancora caldo. Alzo lo sguardo verso lo specchio mentre lo faccio. Dio, sono così bella, penso tra me e me.

Più tardi, una volta che mi sono risvegliata dal sonno dopo aver scolato l'anatra per intero, vado di sopra, seguendo il suono delle risate. Mi sono cambiata i vestiti. Indosso una delle magliette che ho preso l'altro giorno e i pantaloncini da maschio, più gli stivali. Mi sento abbastanza a mio agio nel mio corpo. Il ricordo di Gideon è molto lontano nella mia mente; la pelle è come se non fosse la mia – quella pelle che ricorda di essere stata palpata sulle scale, spiata dall'ombra – ma fosse qualcosa da cui potrebbero facilmente spuntare piume capaci di resistere all'acqua, di un bellissimo e puro bianco, proprio il tipo di bianco che mia madre ha sempre voluto per il suo viso quando si truccava. Mi ritrovo al Posto, l'area comune, dove c'è un lungo tavolo da pranzo con panche su entrambi i lati, fili di lucine appese sopra, e un sacco di piante e fiori ovunque, e pouf e altre cose morbide sul pavimento.

Ci sono sette persone, qui. Posso udire ciascuno dei loro battiti cardiaci. «Ehi!» dice qualcuno. È la donna del mio piano che vedo spesso fuori dal suo studio; i suoi capelli, senza il foulard con cui sono solitamente legati, le formano un enorme alone scuro intorno alla testa. Mentre parla, tutti gli altri presenti si voltano a guardarmi, e tutti mi fanno un cenno o sorridono nella mia direzione. Qualcuno di loro mi saluta persino e io annuisco. Solo Ben, che sta tagliando le verdure in cucina, non mi saluta. Alza lo sguardo e mi vede, poi l'abbassa di nuovo e fa finta di niente. Accanto a lui, una donna dell'Asia orientale con i capelli raccolti in uno chignon in cima alla testa si appoggia appena al suo corpo e dispone gli ingredienti sul tagliere perché lui li affetti, e mi sorride. «Ti unisci a noi?»

chiede la donna del mio piano, facendomi cenno con la mano di sedermi. «Di cibo ce n'è in abbondanza. Giusto, Shakti?»

«Sì, assolutamente!» risponde una donna che è in piedi davanti ai fornelli, intenta a cucinare quelli che sembrano gnocchi, oltre a melanzane intere. Noto, accanto a lei, che le orecchie di Ben diventano rosse.

«Mi piacerebbe» ammetto. Sono stranamente fiduciosa. Inspiro a fondo; attraverso l'odore delle spezie, dell'aglio e della cipolla, percepisco diversi tipi di shampoo, profumo, sudore, alito, piccoli accenni di altre cose. Mi sento le ossa leggere, come se si fossero riempite d'aria e io potessi semplicemente staccarmi da terra anche solo alzando le braccia. Poi espiro e sono di nuovo ancorata al pavimento; sorrido e attraverso la stanza.

«Allora, finalmente ci incontriamo!» esclama la donna del mio piano. Mi prende la mano. È un gesto sorprendentemente intimo e mi fa sentire subito la benvenuta; non accenna al fatto che la mia pelle è fredda. «Sono Maria.»

«Lydia» dico. La mia voce suona diversa. Si proietta nello spazio con più facilità. «Per tutti Lyd.»

Maria mi conduce al tavolo da pranzo, dove ci sono alcuni piatti spaiati.

«Sei all'A14, vero?» chiede. Nello stesso momento, un uomo si sporge sul tavolo, porgendomi la mano. «Ehi, io sono James» si presenta. Gli stringo le dita. «Wow, sei fredda!» constata.

«Sì, sono in A14.»

«Allora, che tipo di lavoro fai?» domanda James. «No, aspetta, lasciami indovinare.»

«James, non farlo» interviene Maria. «È del tutto riduttivo immaginare il lavoro di una persona partendo dal suo aspetto fisico, e fa sentire l'altro uno schifo.»

«Oh, andiamo, sei seccata soltanto perché ci azzecco sempre.»

«Non hai azzeccato me» si intromette una voce. La donna dell'Asia orientale che se ne stava appoggiata a Ben in cucina si sta sedendo a tavola con una ciotola d'olive. «Vediamo, cos'è che avevi detto? *Precisi, delicati disegni a matita*, giusto? E *piccoli*? Mi stavi praticamente riducendo a uno stereotipo di razza.»

Ben ci raggiunge e si accomoda anche lui, ma non mi guarda. Rivolge invece la sua attenzione su James, che ha sollevato le mani e sta dicendo: «Tu aspetta, aspetta e vedrai, è solo che non hai ancora trovato te stessa».

Maria gli tira uno scappellotto sulla nuca.

«Voi vi conoscete già?» chiede Maria, indicando me e Ben e poi la donna orientale.

«Oh sì, conosco Ben» rispondo.

«Io... ehm...» Ben guarda Maria mentre parla, «ho fatto fare a Lydia un giro qui dentro, il primo giorno.» Per un momento, pare che tutti stiano aspettando che Ben mi presenti la donna dell'Asia orientale, e che se lo aspetti anche lei, lui invece si limita a fissare il tavolo.

«Io sono Anju» dice la donna, infine, dopo aver lanciato a Ben uno sguardo confuso, e mi tende la mano perché la stringa.

Anju, sembra risuonare una voce nella mia testa. Lei è Anju. E provo uno strano senso di superiorità. Ho avuto un assaggio della vita del suo ragazzo, ho sentito accenni del suo dolore, della sua passione, ho vissuto in un lampo la sua nascita. Sorrido.

«Lyd» mi presento, e per un attimo getto un'occhiata a Ben, che non alza lo sguardo. «Quindi... che tipo di lavoro fai?» chiedo, per allentare la tensione.

«Io dipingo» risponde Anju.

«Oh, okay. Che genere di opere?»

Ben si alza, borbotta un «Torno tra un minuto» sottovoce ed esce dalla stanza. Il suono dei suoi passi svanisce.

«Una sorta di ritratti su larga scala.»

«Il lavoro di Anj è fantastico» interviene Shakti, raggiungendoci al tavolo, dove posa un piatto di melanzane, ora divise a metà e farcite con qualcosa di un colore rosso intenso. «Mangi, Lydia?» chiede Shakti. «Ce n'è un sacco.»

«Oh, in realtà ho già mangiato.»

«Oh, che cosa?» domanda James.

«Anatra» replico d'istinto. «Ma questa roba sembra incredibile. Che cos'è, *harissa*?»

Shakti annuisce e mi sorride. Mentre parlo, percepisco il sangue d'anatra che circola nel mio sistema sanguigno. Riesco quasi a sentirlo mentre scende lungo le braccia, raggiunge la punta delle dita, torna su, cerca le ali sulla schiena.

«Vino?» chiede James e inclina una bottiglia in direzione di un bicchiere davanti a me.

«No, grazie.»

«Ehi.» Un ragazzo più grande si siede al tavolo, con una donna che saluta a bassa voce in un forte accento tedesco. «Io sono Mark, lei è Utte» si presenta l'uomo, e io mi allungo sul tavolo per stringergli la mano.

«Sai, il mese prossimo il lavoro di Anju verrà presentato sulla rivista *Frieze*. Le stanno facendo un paginone» annuncia Maria.

«Wow, ma è pazzesco» esclamo.

«Già, congratulazioni, Anju» si accoda Mark; anche lui ha l'accento tedesco. Ha posato un piatto di funghi e riso sul tavolo. «Li abbiamo coltivati noi, e grazie a Ben. Ben? È qui?»

«Sembra delizioso» commenta Shakti.

«Ben è uscito un attimo» dice Anju.

«Anj, dovresti parlare a Lydia... scusa, è Lyd, giusto?» Annuisco. «... della tua serie sui tipi della tv» le si rivolge Maria.

«Oh. Già» risponde Anju, esitante. Arrossisce. Shakti sta mettendo una melanzana intera nel suo piatto. «Dunque, in pratica dipingo grandi ritratti di persone che guardano la tv.» Abbassa lo sguardo sulla melanzana e ne stacca il picciolo. Ho la sensazione che non voglia parlare del suo lavoro, cosa che capisco. Provo un vuoto allo stomaco quando la gente mi domanda cosa faccio; anche se di solito è perché di rado so cosa sto facendo, o non mi sento sicura di quello che sto facendo, l'una o l'altra. Le persone che non sono artisti spesso mi rivolgono quella domanda e poi dicono qualcosa del tipo: "Non capisco davvero l'arte contemporanea. Sai, è un po'..." e fanno una smorfia. "Penso sempre che probabilmente potrei farlo anche io, tipo mettere una macchia di vernice qui, un'altra là, sai? Ma non ne capisco. Mi dispiace." "Oh, va bene! Non è roba per tutti" rispondo di solito, che è essenzialmente l'opposto di ciò in cui credo.

«Sembra interessante» commento.

«Non lo sta spiegando bene!» esclama Maria. «Non sono solo ritratti di persone che guardano la tv. In pratica, sono a grandezza naturale e lei dipinge partendo da fotografie...»

«A volte anche dal vero» aggiunge Anju. La osservo tagliare la melanzana con un coltello e un po' della polpa si sparge sul piatto, formando un cerchio rosso. Mi rendo conto che, nonostante mi sia scolata da poco l'anatra, ho già fame. Guardo il rosso sul suo piatto, che riflette le luci, e sento l'inizio di qualcosa che assomiglia all'invidia. Anju si mette in bocca un pezzo di melanzana e mastica. Anju è un nome giapponese; magari ha provato a mangiare cibo giapponese; magari è stata in Giappone; magari ha una famiglia lì; magari ha ancora un papà; lei ha Ben; è un'artista di successo; sembra fiduciosa; è minuta e carina e pare che piaccia a tutti.

«Dovresti spiegarglielo» insiste Maria.

«Va bene, allora...» Anju posa coltello e forchetta. «Lavoro dalle foto e dal vero e dipingo persone che guardano la tv, ma non la tv o la stanza, o il divano o la sedia su cui sono seduti... quindi la persona sta semplicemente fluttuando nello spazio bianco. Si tratta di sospendere un momento che è una parte piuttosto importante della vita per molti, ed esaminarlo, sentire che potremmo capovolgerlo, girarci intorno...»

«Oh, fantastico» dico. «Allora come mai solo la tv?»

«Ho realizzato anche una serie sui treni, che aveva solo queste persone sospese nello spazio, senza il contesto – i sedili, la carrozza, i telefoni nelle loro mani, il cibo che stanno mangiando – intorno a loro. Miravo a questo spazio completamente asettico, cioè, un po' come un laboratorio, no? E le persone all'interno sono il soggetto, senza alcun tipo di oggetti o cose intorno a loro che normalmente le contestualizzerebbero e colorerebbero la percezione che abbiamo di loro, sai.»

«Mi piacerebbe darci un'occhiata» dico.

«Sei la benvenuta, quando vuoi. Il mio studio è a casa mia, a Camberwell.»

«I suoi dipinti sono incredibili dal vivo» interviene Shakti. Anju la guarda e sorride.

«Che tipo di lavoro fai tu?» chiedo a Shakti e noto che il tavolo è diventato di colpo silenzioso. All'improvviso, tutti sembrano particolarmente concentrati sul cibo.

«Non sto davvero lavorando, adesso. Da qualche mese» risponde Shakti dopo un momento. Abbassa lo sguardo sul suo piatto. «È una storia piuttosto lunga, ma sto cercando di capire cosa voglio fare della mia vita.»

«Penso che dovresti tornare a lavorare» commenta Maria, prima di voltarsi verso di me e aggiungere: «Shakti è un'intagliatrice di pietra. Crea coppie di sculture in marmo, in qualche modo simili a quelle di Barbara Hepworth ma non proprio. In un certo senso, sta continuando ciò che ha iniziato Hepworth».

«Rimpiangiamo tutti le sculture di Shakti» aggiunge Mark dall'estremità del tavolo.

«Mmm» commenta lei.

«Come mai hai smesso?» domando, anche se, già mentre lo dico, sento che questa potrebbe essere una domanda troppo personale. Prima che possa rispondere, però, si sente un rumore di passi e Ben torna nella stanza. «Ehiii» esclama, e ha l'aria più riposata.

«Oh, ciao, Ben. Guarda: me medesimo *und* Utte» l'accento di Mark rende musicale tutto ciò che dice, «abbiamo coltivato con successo questo fungo!» Solleva il piatto.

«Wow, ragazzi, sembra... voglio dire... be'!» replica Ben. «Ha un profumo fantastico.» Si siede e mette una melanzana nel piatto. Gli altri seguono il suo esempio. James versa il vino. Noto che Shakti pare sollevata dal fatto che la conversazione sia proseguita.

«*Bon appétit* a tutti» esclama.

«*Guten Appetit*» aggiunge Mark. Shakti alza il bicchiere. Incrocio il suo sguardo e sorrido, e lei ricambia il sorriso.

«Oh, dovremmo brindare... celebrare il successo di Anju» interviene James. «Lyd, ne metto un goccio nel tuo bicchiere e io ne prenderò più tardi.» Ne versa un po'. «Ad Anju!» Questa è un'esperienza che non mi è familiare. Di solito evito del tutto le cene di gruppo: semplicemente, non mi presento quando sono invitata o rifiuto gli inviti. Alla scuola d'arte, socializzavo a malapena. Dopo ogni lezione o tutorial, tornavo a casa per stare con mia madre e mangiavo con lei in cucina. Non ho mai condiviso una bottiglia di vino o conversato con degli estranei davanti al cibo. Sembra quasi qualcosa di sacro. Il pane che viene spezzato accanto al piatto di melanzane. Il vino versato.

La luce calda. Mi sento come se appartenessi a questo posto, con lo spirito di un uccello piuttosto che di un maiale dentro di me.

«Oh, oh, aspetta, fermati!» grida Mark con voce tonante. «In Germania ci guardiamo sempre negli occhi quando brindiamo» spiega. «È buona educazione.» E ne fa la dimostrazione con me. Lo guardo negli occhi marrone scuro. Tutti riprendono con il brindisi, cercando di guardarsi negli occhi e ridono. Ben mi osserva imbarazzato da sopra il tavolo. Sorride. I nostri bicchieri tintinnano. «Scusa» gli dico. Scuote la testa. I suoi occhi sono di un azzurro molto pallido, con le occhiaie. Sembra stanco.

Dopo cena, nell'angolo della stanza una piccola macchia grigia si muove e tutti iniziano a chiamare «Maialeee», «Maialino», «Porcellino». La macchia è un carlino, e si avvicina al tavolo, tirando su col naso. «Passa il maiale» dice Maria accanto a me.

«Passa il maiale!» ruggisce Ben. Alza il bicchiere in aria. Il suo viso è rosso vivo. Prende il cane tra le braccia. Tra le pieghe della pelle, due grandi occhi neri fanno capolino. Guardano dalla mia parte.

«Oh, Shakti, io dovrei andare. Devo prendere l'ultimo treno, che è...» Utte guarda l'orologio. «Tra diciassette *minuten*.»

«Oh nooo, Utteee» esclama James, versandosi un altro

bicchiere di vino. «Non vuoi rimanere anche solo per un round di *passa il maiale*?»

«Mi dispiace, non posso» risponde Utte. Parla molto piano. «È stato molto bello conoscerti» mi dice e mi stringe la mano. «Magari ci rivediamo...» Indica il piano superiore, dove si trova il suo studio. A cena mi ha raccontato del suo lavoro: ritratti di persone disegnate come ciò che sperano di essere in futuro – piloti, infermiere, autori, gente che vive in una casa in campagna, padri, madri – tanto piccoli da entrare in medaglioni da portare al collo. Ha detto che avrebbe potuto disegnarmi e io le ho risposto che avrei pensato a cosa volessi diventare in futuro. «Buona fortuna con l'inaugurazione» dice. Quindi passa a salutare la persona successiva. «Grazie, Shakti» continua. Shakti sta avvolgendo degli avanzi nella carta stagnola perché Utte li porti a casa. Il carlino è tornato sul pavimento e si sta facendo cautamente strada verso di me. «*Danke schön, danke schön*» ringrazia Utte, uscendo.

«Passa il maiale?» mi chiede Maria.

«Ehm» balbetto.

«Questo è Maiale.» Maria afferra il carlino. «È il mio cane e, di solito, quando siamo un bel gruppo qui dentro, facciamo un gioco chiamato *passa il maiale*...»

Viene interrotta da Ben che urla di nuovo: «Passa il maiale!». Anju lo guarda da sopra la spalla, dall'acquaio dove sta lavando il bicchiere. Noto che sembra un po' seccata. Sussurra qualcosa a Shakti, che è in piedi accanto a lei, e Shakti annuisce.

«Okay, sì, Ben» riprende Maria. «Quindi, dicevo, ognuno di noi va in giro per la cucina per trovare qualcosa da mettersi in faccia, tipo burro, crema di formaggio, cose del genere – li controllerò tutti per assicurarmi che lui possa mangiarli» spiega, strofinando il viso tra le pieghe del collo di Maiale. «Tesorino» aggiunge. «E poi, ci sdraiamo tutti, e chiunque venga leccato in faccia più a lungo da Maiale vince. È un esserino volubile, quindi il suo cibo preferito cambia di frequente.» Fa spallucce. «Dunque, sì... So che è un po' stupido, e forse anche un po' disgustoso» ride, «ma è diventata una tradizione.»

«Oh, okay» dico. «E il vincitore cosa ci guadagna?»

«Fama! Onore!» tuona Ben.

È un po' come tornare bambini, giocare a nascondino o andare a caccia di uova a Pasqua. Osservo James coprire il volto di Ben e il proprio con il burro di arachidi. Anju si decora il viso con crema di formaggio. Ne ha due cerchi sulle guance e una linea dritta lungo il naso. Mi applico una piccola quantità di olio d'oliva sulla pelle e lo strofino come una crema idratante. «Ben, Ben, Ben.» Ben mi si avvicina mentre mi accarezzo le guance. Anju, a questo punto, è già dall'altra parte della stanza, con Shakti e Mark. Io sono vicino al frigo quando Ben mi afferra per le spalle.

«Cosa stai facendo?» domando.

«Ben, Ben...» avvicina il volto al mio.

«Ben, *tu* sei Ben. Io sono Lyd» lo correggo.

«Ben, penso... Penso che tu sia così...» Scuote la testa. «Sei così bello, Ben, proprio così...» e poi se ne va. Si avvicina ad Anju e cerca di baciarla, ma lei lo respinge, scontrosa.

«Ben, sei ricoperto di burro di arachidi» lo redarguisce.

Sul pavimento, mi assicuro di non ritrovarmi accanto a lui. Mi sdraio invece vicino a Shakti, al termine della fila. A poco a poco, il cane avanza verso di me, passando i volti di tutti. Ben è in testa quando Maiale mi raggiunge. La faccia strana e aliena del cane guarda la mia.

«Ciao» gli dico. Posso sentire il suo calore. Respira rumorosamente, come se avesse preso parte a una lotta. Le sue zampe sul mio petto sono calde. Poi abbassa la testa e comincia ad annusarmi. Annusa a lungo. Dopodiché comincia a leccare, ma non le parti del viso su cui ho strofinato l'olio d'oliva. Prende a leccarmi il mento, il collo e i capelli; mi lecca le labbra, le narici – ovunque, mi rendo conto, laddove il sangue dell'anatra deve avermi schizzata. Non mi sono lavata bene prima di venire qui. Mi sono a malapena asciugata la bocca con un fazzoletto. La lingua di Maiale è fin troppo calda. Il suo piccolo corpo è fin troppo vicino. Talmente vicino che posso sentire il sangue che circola nel suo organismo. Sento il suo battito attraverso i polpastrelli delle sue zampe.

Proprio mentre inizio a sognare a occhi aperti di morderlo, di sentire la vita lasciare il suo corpo ed entrare nel mio e poi sperimentare tutti i suoi ricordi – vivere in una cucciolata, diventare l'animale domestico di Maria ed essere portato a fare una passeggiata, provare a leccare tutti i nostri volti stanotte – e rosicchiare le sue ossa, ripulendole di ogni minima goccia di sangue, la sveglia di Maria suona e tutti applaudono. In quello stesso momento, Maiale barcolla all'indietro, allontanandosi dal mio viso e mugolando.

«Va tutto bene» Maria si precipita da Maiale e lo prende in braccio. «Stiamo solo festeggiando» gli dice. Ma mi chiedo se, invece del rumore degli applausi, sia stata io a spaventarlo. Forse mi ha sentita passare da essere umano a qualcosa di più animalesco; forse ha intravisto i miei denti.

Trovo scuse per andarmene. Devo tornare a Kennington, dico, e non voglio camminare da sola quando si fa troppo tardi. James si offre di accompagnarmi, ma io rifiuto. «Non mordo!» esclama.

«No, va bene così, domani devo anche alzarmi presto» insisto.

Saluto tutti, tranne Ben che dorme su un pouf. Anju mi dà il suo numero e mi dice di chiamarla. E poi me ne vado.

Ho mosso solo pochi passi lungo il corridoio quando Shakti mi chiama per dirmi di aspettare. «Ehi!» grida.

«Un momento.» Per metà corre e per metà cammina lungo il corridoio. «Ehi» ripete.

«Oh, ehi. Grazie per stasera» dico.

«Di niente. A proposito della Lontra, però...» Mentre tutti mangiavano, ho raccontato loro dei miei primi giorni, di essere stata relegata nel teatrino delle marionette, e poi ho riferito delle bottiglie da pulire e delle grucce a cui dovevo aggiungere il rivestimento. Non ho raccontato loro del burattino che avevo rubato, o dei libri, o di Heather, o di Gideon che mi fissava dall'ombra, in piedi sui gradini – io che gli passavo accanto, la sua mano che mi accarezzava il corpo, poi lo afferrava. Shakti, avevo scoperto, era stata una tirocinante alla Lontra un paio di mesi prima e se n'era andata presto. Proprio come con le sue opere d'arte, la conversazione aveva cambiato direzione prima che potessi chiederle il perché. «È solo che... stai attenta» si raccomanda ora.

«Cosa vuoi dire?»

«Attenta a Gideon. È un po' un maniaco.» Sento il respiro che mi si blocca in gola e la pelle che mi pizzica, come se Gideon fosse in qualche modo qui, nell'ombra di questo corridoio.

«Va bene» annuisco. «Grazie.» Entro nella striscia di luce calda che proviene dalla porta aperta del Posto. Poi Shakti si avvicina e mi abbraccia. Anche il suo corpo è caldo. «Wow, sei fredda» nota.

Al piano di sotto, apro la porta d'ingresso e il cancello e li chiudo entrambi con forza, nel caso qualcuno sia in ascolto per verificare che me ne sia andata. Poi vado nel mio studio, aprendo e chiudendo la porta il più silenziosamente possibile.

La stanza ha un odore piuttosto strano, come di muffa, fango, ferro e un principio di putrefazione. La carcassa dell'anatra sgocciolata è nel lavandino proprio dove l'ho lasciata. Il suo collo è piegato sul bordo e la sua testa pende al di fuori. I suoi occhi sono aperti e sembrano guardarmi. Lo specchio sul muro è ricoperto da piccoli schizzi di sangue.

Mi avvicino all'anatra e le mordo di nuovo il collo, cercando di estrarre quel che potrebbe essere rimasto, ma è secca, a parte qualcosa di rosato che non è sangue. Le lecco la ferita sul collo, prelevando un po' di sangue dalle sue piume, poi gratto via le goccioline secche dallo specchio e mi lecco le dita, succhiandomi le unghie. Non è rimasto nient'altro.

Mi siedo su una sedia vicino al tavolo. Il mio quadro è ancora lì, appoggiato al muro. Ora – dopo aver parlato di arte tutta la sera, e dopo aver sentito delle opere di Anju, e del suo prossimo profilo in *Frieze* – mi sembra amatoriale. Manca di sicurezza e progettazione. Il burattino è scivolato giù dalla posizione seduta in cui l'avevo lasciato ed è sdraiato sul tavolo, intento a guardare il soffitto. Lo prendo e me lo sistemo sulla mano. «Ciao, Lydia» le dico. Poi le faccio prendere dalle manine il libro sui burattini che ho rubato dalla galleria. Lo estrae e gli altri volumi cadono. Lo trascina verso di me e lo apre alla prima pagina.

6

Ho dipinto per tutta la notte. Ho coperto il blu con un marrone scuro. Al centro ora c'è un nodo scuro di vernice nera e blu elettrico brillante. Sul nero ho aggiunto alcune stelline in bianco: circoletti minuscoli realizzati con la punta del mio pennello più piccolo. E poi, sempre al centro del nodo, ho inserito due occhi rosso intenso, un naso – lungo e storto – e una minuscola fessura per la bocca: la faccia del burattino. In mezzo al pasticcio di vernice che sono i suoi vestiti, un miscuglio fangoso di colore, ho dipinto due mani – bellissime, belle come avrei potuto farle solo io: mani umane, dorate ed eleganti, modellate sulle mie. In una le ho messo un pennello.

Ho letto l'intero libro dei burattini all'inizio della scorsa notte, con il burattino in mano che voltava le pagine per me, la sua testa che oscillava in avanti a ogni giro e sbatteva contro le parole e le immagini. Ho letto righe come questa, scritte dall'autrice Nina Efimova: "I burattini fanno impressione... Essi intrigano non per la loro bellezza ma per il loro fascino nascosto"; e questa: "In origine, i burattini furono creati senza piedi dal dio dei burattini. Saltano sul palco dal basso e si tuffano per fare la loro uscita". Ogni volta che leggevo una riga simile a quest'ultima, abbassavo lo sguardo su Lydia il burattino e le dicevo qualcosa del tipo: «Vedi, questo è il motivo per cui hai l'aspetto che hai». Verso le due del mattino, sono arrivata alla fine del libro, dove c'erano le immagini dei burattini dell'autrice. E, straordinariamente, c'era anche il mio, nella terza foto, e sembrava felice e a suo agio nella mano della sua creatrice, il suo naso adunco come una radice di zenzero, il folle disordine di capelli neri, la testa scura e i vestiti laceri. Ho guardato la didascalia, che recitava: Nina Efimova e il burattino di Baba Yaga.

«Merda» ho esclamato. «Sei tu?» Ho fatto sì che il burattino annuisse e accarezzasse la pagina. «E quella è tua madre?» Lei ha annuito di nuovo. «Baba Yaga» ho letto ad alta voce. Ho cercato su Google il nome.

Baba Yaga, ho scoperto, è una figura del folklore slavo. È una strega, dea della terra, orco, manifestazione del tempo della tempesta, cannibale; lei è la figura russa della morte. Il suo nome, *Baba*, deriva dalla parola nonna; *Yaga*, invece, da termini più oscuri: orrore, brivido, rabbia, strega, furia, malattia, abuso, sminuire, sfruttare, dubbio, preoccupazione, dolore. «Wow, Baba Yaga» ho detto, e lei mi ha guardato, il suo viso innocente e privo d'espressione.

Ho letto che Baba Yaga appare in più di mille racconti popolari. Ogni volta riceve la visita di varie persone, di solito giovani uomini, viaggiatori che si sono persi nella foresta dove lei vive, in una capanna che si erge su un paio di cosce di pollo. O li aiuta nel loro cammino o li mangia, talvolta spalancando la bocca dalla terra fino al cielo. Nella sua capanna, ho letto, la si trova spesso distesa sulla stufa, allungata da un angolo all'altro della sua dimora; per viaggiare, vola per aria con un mortaio, usando un pestello come remo e una scopa per spazzare via dietro di sé la scia del suo volo. «Wow, è piuttosto inquietante, Yaga» ho commentato. Spesso si parla di lei con un linguaggio rozzo e odioso, che descrive il suo corpo, in particolare i genitali e il seno, come disgustoso e in decomposizione. L'ho stretta a me mentre leggevo un'altra cosa su di lei: "I denti di Baba Yaga sono estremamente affilati e si dice che siano fatti di ferro o pietra". "A volte beve latte" si leggeva, "e, altre volte, sangue."

«Oh mio Dio» ho esclamato, e mi sono appoggiata allo schienale della sedia. Ho guardato Yaga sulla mia mano e lei ha annuito, come per dire: "Sì, siamo la stessa cosa".

E così, dopo, ho dipinto. Ho dipinto per circa otto ore, finché non ho sentito le persone che arrivavano in fabbrica per la giornata. Ho dipinto con Yaga sul mio palmo anziché davanti a me. Dentro il suo corpo, la mia mano è diventata la sua anima, la sua persona, il suo carattere. Mi sentivo bene. Ci siamo fuse insieme, eravamo parte l'una dell'altra. Immaginavo quello che restava del sangue dell'anatra scorrere nel mio stesso corpo e andare a nutrire il suo.

Ora, sollevo il dipinto. È il pasticcio oscuro e folle di un'immagine; non riesco proprio a capirlo. Al centro, il volto di Baba Yaga sembra scomparire in un profondo buco. Un forte vento pare sferzarle i capelli e circondarle la testa. Accanto alle *Tre ragazze* di Sher-Gil e alla *Famiglia Velasquez* di Bing, non sembra più troppo fuori posto ma in equilibrio, anche se caotica; umano, mostro, burattino.

Mi sdraio sul pavimento dello studio. Ieri ho comprato un tappetino da yoga su cui dormire. È un po' troppo piccolo. Ho arrotolato il mio maglione con l'orologio in modo che sia come un piccolo cuscino e uso come coperta la giacca che ho comprato. Lì, con Yaga ancora in mano, cerco su Google Nina Efimova, la sua creatrice, e la parola "burattino" e vado nella scheda Notizie. Aggiungo anche "l'OTA" ai miei termini di ricerca, ma non trovo nulla. La mia Yaga non è stata ancora denunciata come scomparsa, e forse non lo sarà mai. Era stata, dopotutto, abbandonata, inanimata e in stato comatoso, nell'angolo del teatro dei burattini, nascosta, coperta di polvere, impossibile da vedere. In ogni modo, se qualcuno si accorgesse della sua assenza, sono stati messi così tanti stagisti nella cabina dei burattini che ci sarebbero troppi sospettati per restringere la ricerca, e niente – a parte il mio quadro, che non dovrò mostrare a nessuno per poter mantenere il segreto – potrebbe collegarla a me.

Più tardi, sto camminando lungo il fiume in direzione della Lontra quando ricevo un messaggio di Ben: "Ehi, mi dispiace davvero per ieri sera, se ho fatto o detto qualcosa. Possiamo parlare più tardi? Sono allo studio tutto il giorno. Posso scendere da te. Ora esco ma torno più tardi stasera. Fammi sapere".

Ne manda subito un altro.

"Cioè, scusa se ho detto qualcosa di brutto o imbarazzante."

E poi un altro: "Mi rendo conto che forse l'ho quasi sicuramente fatto".

E un altro: "Spero che tu stia bene oggi".

E poi un altro: "È stato bello vederti ieri".

I messaggi appaiono come banner, l'uno dopo l'altro, nella parte superiore dello schermo. Lo sblocco e rispondo.

"Ehi, Ben, tranquillo. Mi sono divertita e tu non ti sei messo troppo in imbarazzo. Sono all'inaugurazione della Lontra stasera, ma magari domani?"

Poi invio: "Anju sembra in gamba, cmq".

"Non mi sono messo troppo in imbarazzo? Ciò significa che un po' l'ho fatto, vero?"

"LOL. Magari giusto un pochino" rispondo.

Un ciclista mi gira intorno, borbottando. Sono di nuovo sul lungofiume che cammino controvento. Piove. Cerco di tenere il telefono inclinato in modo che lo schermo non si bagni. "Ti messaggio più tardi" digito. "Sono fuori. Piove."

Poi blocco la schermata.

Mentre cammino, tengo d'occhio la riva del fiume, per vedere se riesco a individuare qualcosa che potrei riuscire a mangiare. Ormai l'effetto del sangue d'anatra sta scemando. È la parte peggiore di un pasto, quella che precede di poco la fine, durante la quale si percepiscono gli ultimi istanti di vita dell'animale: per un maiale, questo di solito significa aspettare in fila con altri maiali, ascoltare le grida di quelli che, più in là lungo la coda, vengono colpiti da una pistola, rendersi conto di dover condividere la stessa sorte, e strillare e cercare invano di scappare; per l'anatra, invece, questa parte significa i suoi ultimi voli sul Tamigi, non con un senso di libertà ma piuttosto di nulla incombente, e il tentativo di sfuggirgli. Camminando, sento non solo la mia fame, ma anche quella dell'anatra che ha passato i suoi ultimi giorni senza mangiare.

Guardo la sabbia. Mi chiedo cosa farò se vedo qualcosa. Sto andando all'inaugurazione della galleria, quindi non potrei portarlo con me. Forse mangerò qualunque cosa ovunque la trovi. Siamo a Londra, non credo che nessuno farebbe nulla al riguardo. Una volta, dai finestrini di un autobus, ho visto un tizio in completo elegante e dall'apparenza del tutto normale saltare su un piccione dall'aria malata e quello è esploso, e tutti i presenti hanno urlato, ma il tizio ha continuato a camminare e nessuno ha fatto niente. Il fiume sembra piuttosto ingrossato, oggi, quindi le chiazze di sabbia che scorgo sono strette, con sopra solo spazzatura e un paio di ossa che sembrano essere già state risucchiate dalla corrente. Passano un paio di taxi boat, salendo e scendendo sulle onde. C'è un ragazzo seduto su un fazzoletto d'erba con una lattina tra i piedi. Mi guarda e sorride, poi si mette due dita davanti alla bocca e agita la lingua tra loro.

«Lesbica» sussurra al mio passaggio.

Tiro fuori di nuovo il telefono mentre percorro Cheyne Walk, una strada famosa perché è il luogo in cui è morto J.M.W. Turner. Non so se fosse in una casa o solo per strada o cosa. Conosco la via, però, perché è dove Dante Gabriel Rossetti portava a passeggio tutti i suoi animali esotici. A quanto pare, c'è una legge contro i vombati che scorrazzano a Londra per questo motivo. Mi sembra di ricordare che non sia permesso portare a spasso i vombati dopo un determinato orario, o forse è proibito solo su questa strada. Il vombato che è sceso fin qui prende il nome da William

Morris, i cui disegni sono presenti ovunque: su scatole per il pranzo, tazze da caffè riutilizzabili in bambù, quaderni. Mi piace pensare ai fantasmi del serraglio di Rossetti tutti insieme, ora, tutti qui che camminano lungo il fiume, i loro spiriti che sbirciano nel Pizza Express proprio dietro l'angolo, vagando per gli studi del Royal College of Art, che è lì vicino. Continuo a camminare, e immagino una realtà in cui posso consumare tutti gli animali di Rossetti – in cui mordo il vombato di William Morris, e ne sperimento la vita nello studio di Rossetti, vedendo il suo ritratto di Persefone che viene dipinto passo passo, la melagrana che sta mangiando che prende forma in olio su tela. Mi chiedo se il vombato sia andato con Rossetti alla tomba di sua moglie, nonché sua musa, Elizabeth Siddal, il cui corpo l'artista ha riesumato per recuperare e pubblicare le poesie che aveva seppellito con lei.

Mi chiedo cosa abbia pensato il vombato, mentre osservava dall'ombra.

Scrivo un messaggio ad Anju. "Ehi, è stato davvero un piacere conoscerti ieri sera. Mi chiedevo se ti andrebbe di incontrarci? Ho realizzato il mio primo dipinto dopo chissà quanto, praticamente dopo avervi visto, ragazzi, e non conosco davvero nessun pittore, quindi..." Cancello l'ultima parte, quindi resta solo: "Ehi, è stato davvero un piacere conoscerti ieri sera. Mi chiedevo se ti andrebbe di incontrarci?" e l'invio. Ho una chiamata persa da Crimson

Orchard, ma per ora la ignoro e clicco sulle chiamate recenti in modo che non venga più visualizzata come banner. Giro l'angolo, il fiume alle mie spalle. La Lontra è vestita a festa per l'inaugurazione, stasera. La parte frontale è ricoperta da fili di luci. La porta è aperta. Un bagliore carnevalesco proviene dall'interno.

Sembra tutto diverso, ma è difficile capire perché, esattamente. I Walter Potter risaltano di più, così come i murales: gli alligatori che mangiano acrobati che mangiano alligatori. Mentre percorro il corridoio, la mia attenzione viene catturata dalle opere d'arte. Piccoli quadri di uccelli in volo che prima non avevo notato sono illuminati in più punti sulle pareti. Mi chiedo se ciò che è cambiato sia solo che tutto il disordine – il tipo di roba onnipresente dietro le quinte – è stato ripulito, o se sia la luce; o forse non è nessuna di queste cose e, piuttosto, è che ho creato un dipinto di cui sono felice e perciò l'arte è di nuovo al centro della mia vita.

Mi fermo davanti al *tea party* per gatti di Walter Potter. Adesso è soffuso in un caldo bagliore, come se la festa fosse a lume di candela. I gatti sembrano tutti gioviali e in pace con se stessi, si passano le torte e chiacchierano tra loro. Uno è in piedi e versa il tè. Sembra un evento piacevole. Lo guardo con una nuova sensazione di nostalgia. Evoco melanzane ripiene nei piatti dei gatti, in pozze di olio infuso di *harissa*. Immagino la conversazione – i gatti parlano della loro arte; uno di loro avrà presto un profilo su una rivista.

Attraverso la tenda rossa. Dall'altra parte, i tavoli sono apparecchiati con bellissime stoviglie e posate e bicchieri di cristallo, tutti vuoti e in attesa, e un uomo accende candele che spuntano dal collo di bottiglie di vino vuote, quelle che ho pulito l'altro giorno. In un angolo della stanza, alcuni musicisti accordano i loro strumenti. Le luci sono in fase di test, come lo erano il mio primo giorno qui. «Meno! Meno! Le luci devono essere basse! Illuminazione scarsa, illuminazione scarsa! Dobbiamo vedere le candele, altrimenti qual è il cazzo di punto?» La voce di Heather si impone su tutto il resto del rumore. Poi si rivolge direttamente a me. «Che hai addosso? Devi salire di sopra e cambiarti, ora. Ti verrà assegnata una stanza lì» parla in fretta. Mi guardo intorno. Gideon non si vede da nessuna parte, c'è solo Heather.

«Va bene» dico. Le sorrido e lei mi scruta, accigliata.

Salendo, supero la parte delle scale in cui Gideon mi ha afferrata. Non sento molto i cambiamenti di temperatura ma, mentre oltrepasso il punto in cui si trovava lui, avverto un brivido, come se stessi attraversando il fantasma di quel momento. Le luci sono fioche nella camera con i divani. Il piatto d'argento con le barrette di cereali e i biscotti è ancora qui. Il frigo-congelatore ronza nell'angolo. La macchina del caffè ha accanto una pila corposa di cialde. In mezzo a tutte queste cose ci sono alcune persone, tutte della mia età, tutte che si muovono goffamente in giro, alcune con indosso magliette nere fornite dalla galleria con il logo: una O, una T e una A, disposte ordinatamente l'una sopra l'altra per formare sul petto una nuova lettera, simile al simbolo di un qualche culto. Le ragazze sono rivolte verso le pareti, cercando di spogliarsi senza essere viste, infilandosi le magliette e poi togliendosi i top da sotto. Riconosco una di loro: era la persona che era stata messa nel teatro delle marionette poco dopo di me, e che avevo deciso di non salutare. Riconosco anche qualcun altro; alcuni mi erano passati accanto quando ero nel teatro dei burattini e non mi avevano salutato. Nessuno interagisce davvero. La stanza è silenziosa in modo imbarazzante. È come se fossimo stati tutti condizionati a non parlarci.

Mi avvicino alla ragazza che avevo visto seduta nel teatro delle marionette. «Ciao» le dico. Le magliette, a quanto pare, sono tutte della stessa taglia. Ne indosso una e poi mi tolgo quella che avevo sotto. Mi sta come un vestito.

«Ciao» risponde la ragazza, con un accento francese. Parla molto piano. Sembra sorpresa che le abbia rivolto la parola. Mi rendo conto che anche altri si sono voltati a guardarci.

«Io sono...» comincio, con la mano sollevata per metà verso la sua. Ma poi Heather arriva nella stanza.

«Controllate su questa lista a quale sala siete stati assegnati» ordina, senza salutare. «Andate lì. Niente acqua né cibo. È importante. Un sorvegliante per stanza piccola. Nelle sale più grandi, sarete in cinque. Sistematevi al vostro posto prima che arrivi Gideon. Di-vi-de-te-vi. Non state l'uno accanto all'altro.»

«Mi scusi.» Vicino ai divani, uno dei ragazzi, che è particolarmente alto ma ha un viso tenero e infantile, ha la mano alzata. «Quando finiamo oggi?»

«Rimarrete fino alla fine» dice Heather.

Vengo mandata in una piccola stanza da sola. La sala è buia, con dipinti di reperti del freak show di P.T. Barnum illuminati dai riflettori sulle pareti, intervallati da autoritratti dell'artista e riproduzioni dipinte a colori di manifesti con la scritta LA DONNA PIÙ ANZIANA DEL MONDO! e LA SIGNORA BARBUTA! Uno pubblicizza l'autopsia di una donna nera, schiava di proprietà di Barnum; un altro, l'autopsia di un elefante. Ci sono poster per l'uomo più piccolo del mondo, la sirena Feejee e Jo-Jo il Ragazzo Faccia-di-Cane. Mi sento strana. Non so di cosa si tratti, ma è una specie di nausea. Ho la sensazione di essere stata sradicata dal terreno dove mi trovo, come se potessi facilmente cadere. Mi sento così sin da quando sono entrata qui dentro. Ho ricevuto una risposta da Anju, e lei ha detto di sì all'incontro, e ne sembrava entusiasta; per la prossima settimana mi ha invitata a un laboratorio a casa sua e mi ha inviato il suo indirizzo e i dettagli. Maria ha anche mandato un messaggio vocale su WhatsApp, che ho ascoltato al piano di sopra nella stanza dei divani, e mi ha detto che domani verrà a bussare al mio studio. Provo una sorta di vertigine all'idea di avere nuovi amici e gratitudine per essere in grado di vivere appieno come essere umano, e anche all'idea di poter ripetere la scorsa notte, di incontrare persone davanti a del cibo, ma anche qualcos'altro. Non mi sento davvero di appartenere a questo posto, o forse sì – a questa stanza in particolare – fin troppo.

Gli ospiti cominciano ad arrivare alle otto e mezzo. Sento delle voci nelle altre sale, e sembrano troppo allegre e rilassate per essere quelle di chiunque lavori in questo posto. Orecchio anche persone che esclamano il nome di Gideon, come se fossero entusiaste di vederlo, quindi so che anche lui è qui. Prima di adesso, non mi ero resa conto di provare così tanta preoccupazione al pensiero di rivederlo. Ma ora avverto il mio corpo trasformarsi, come accade quando il mio io umano si sente esposto o insicuro. Tutti i peli si rizzano e io rimango immobile; è come se ogni parte del mio corpo diventasse un sensore di movimento e di pericolo, e io ascolto ogni parte, in attesa. Mi appoggio al muro, così che una via di accesso al mio corpo sia bloccata.

Ma Gideon non entra nella mia stanza. All'inizio, appaiono solo individui dall'aria importante; sono vestiti bene e hanno outfit coordinati e studiati con cura. Alcuni sono anziani dall'aspetto eccentrico. Compaiono uno per uno o in coppia o in piccoli gruppi sulla soglia della mia sala freak show e mi passano accanto mentre guardano i lavori. Indossano le cuffie appese ai ganci alle pareti e osservano i quadri. Alcuni di loro sembrano non vedermi. Rimango immobile e fisso il vuoto. Altri, invece, mi guardano per un attimo mentre indossano le cuffie. Le mie labbra diventano molto secche. Resto ferma a lungo.

A poco a poco, il numero di persone aumenta e iniziano a radunarsi nel mezzo, con le spalle rivolte ai muri e ai quadri, e chiacchierano ad alta voce, bevendo dalle flûte. Comincia ad arrivare anche un altro tipo di gente: i personaggi famosi. Un comico vaga da solo ai bordi della stanza, scrutando i dipinti da sopra gli occhiali; è uno dei pochi a prestare attenzione ai lavori. Ci sono anche artisti famosi che sono così in alto nel mondo dell'arte che sembra non sentano più di dover osservare l'arte altrui. Uno di questi è un designer di tessuti che si presenta con indosso un abito realizzato interamente con fili d'oro finissimo. Una volta arrivato lui, la luce che illumina le opere pare affievolirsi e l'attenzione degli altri ospiti si sposta su di lui. Osservo dall'ombra, sentendomi sempre più parte dell'architettura, fondendomi con il muro, tastando i mattoni dietro di me con le mani e immaginando la mia pelle che si unisce a loro.

Un uomo con una fotocamera entra per fotografare la stanza e tutti hanno un'aria innocente, il comico in bilico davanti al dipinto della signora barbuta, il designer di tessuti che, fermo al centro della stanza, sembra una ballerina in un portagioie, gli altri in piedi in gruppi qua e là, intenti a chiacchierare; fingono tutti di non vedere il fotografo. Solo io lo saluto, ed è l'unico che dà segno di rendersi conto della mia presenza, ma non a parole. L'uomo mi fa spostare due volte in modo da poter scattare fotografie della stanza da diverse angolazioni, senza di me. Lo fa mettendo una mano sul retro della mia maglietta, poi afferra il tessuto come se fosse la mia collottola e mi conduce dolcemente verso la parte della stanza dove vuole che vada.

Ben presto si sente un rumore di bottiglie stappate, di sedie che vengono tirate fuori da sotto i tavoli da pranzo e la mia stanza si svuota. Avverto l'odore di cibi che non ho mai mangiato ma che ho imparato a identificare dai profumi che il mio corpo mi permette di cogliere: funghi, pasticcini, una sorta di ricco formaggio, salmone, conserva di limoni. Arrivano urla e applausi dalla sala principale, e il suono della musica carnevalesca suonata da un quartetto d'archi, poi delle risate quando qualcuno tiene un discorso. Mi appoggio di nuovo al muro. Sono esausta, non per via di qualcosa che ho fatto, però. Essere in presenza di persone che osservano opere d'arte è estenuante, credo. Lo è vedere quanto poco significhino per loro.

«Ciao» dice una voce di donna. Apro gli occhi. In realtà non mi ero resa conto di averli chiusi. Mi guardo intorno, ma non vedo nessuno. Poi, dalla porta vicina al dipinto dell'autopsia dell'elefante – che ora ha al di sotto un bollino rosso, che indica che è stato venduto – entra una donna che riconosco. È un'attrice nota per aver interpretato donne folli. Mi si avvicina piuttosto velocemente, a grandi passi. Indossa un abito nero, con sopra una giacca stile kimono di velluto bordeaux, con dei fiori ricamati. «Ciao» ripete. Adesso è proprio di fronte a me.

«Ciao» rispondo. Mi piace il suo aspetto. I suoi grandi occhi rotondi, il suo ampio viso bianco e tondo che, circondato da un nido di folti capelli neri, sembra la luna, e mi riporta di nuovo al tema della follia. «Be', guardati!» esclama.

Sento odore di alcol nel suo alito.

«Ma guardati» ricomincia, e mi squadra dall'alto in basso. «Sei semplicemente adorabile. E guarda che...» Si solleva una ciocca di capelli, rivelando un collo molto sottile e molto bianco al di sotto. La mia bocca si riempie di saliva. Il collo della donna è immacolato, senza segni, senza pieghe, niente. «Siamo abbinate!» nota.

«Oh» commento, e la copio, sollevando anche io una

ciocca di capelli. L'attrice mi si avvicina e sbatte i suoi capelli contro i miei. «Ciao!» dice. E per un attimo, debolmente, mentre si avvicina, sento il suo battito nelle orecchie.

«Eh sì» dico, goffa.

«Santo cielo» continua, mentre le nostre mani si uniscono per un istante. Sento il suo calore e suppongo che lei senta quanto sono fredda. Dopodiché mi guarda in faccia, negli occhi, spalancando i suoi in un'espressione che è qualcosa di simile al riconoscimento. Fa una pausa per un istante e poi chiede: «Sei un'artista?».

E poi arriva un'altra voce, dietro l'attrice: «No». È Heather. «È una stagista.»

«Oh» esala l'altra dopo un attimo di pausa; mi squadra di nuovo dall'alto in basso, poi domanda: «Vuoi fare a cambio con me?».

«Come?»

«Posso essere te per un po'?»

Non rispondo nulla, non so cosa intenda. «Per favore?» riprende.

«Andiamo» interviene Heather. Mi sta facendo cenno di allontanarmi. «Lascia che sia lei a fare da guardia per un po'.»

«Cosa?» dico.

«Andiamo» sibila Heather.

«Oh, va bene» replico. Mi allontano dal muro e l'attrice si infila al mio posto. Ingobbisce leggermente la schiena e si appoggia ai mattoni e guarda davanti a sé senza espressione, con una smorfia imbronciata sul viso. È tutto molto strano. Heather si sposta di lato. «Avanti» mi sussurra. «Cammina... com'è che ti chiami?»

«Oh, ehm...» balbetto. Il designer di tessuti di prima entra nella stanza. Noto che ha tra le mani i pupazzi della regina e del diavolo. Sta parlando con qualcuno accanto a lui su come le classi lavoratrici possono essere aiutate a impegnarsi con le arti. «Ora, si tratta di coinvolgerli in tutte le fasi, te lo dico io. Fare in modo che dedichino volontariamente il loro tempo per rendere possibile una mostra, fargli investire quel tempo nella realizzazione di tramezzi, nel dipingere i muri, scegliere le opere. Si tratta di un approccio guidato dalla comunità: questo è quello che sostengo da un decennio, ormai.»

Torno verso Heather. «Sono Yaga» dico distrattamente.

«Yaga?» domanda Heather. «Va bene. Fuori, Yaga, adesso. Devi essere di ritorno tra cinque minuti.»

Obbedisco. Lascio Heather in piedi in un angolo, a guardare l'attrice che finge di sorvegliare la mostra, e il designer di tessuti che parla dell'impegno della comunità con qualcuno che sembra essere un curatore o qualcosa di simile, con i burattini tra le mani, e penso che queste persone – ciascuna di loro – siano completamente ripugnanti.

Esco nell'aria notturna. Faccio un respiro profondo. Qualcuno mi offre una sigaretta: un ragazzo più grande, che si avvicina a me con un accendino, ne accende l'estremità e mi fa l'occhiolino intanto che si allontana. Continua a parlare con un gruppo di persone che sembrano trovarsi tutte ai piani alti di uno dei grandi e famosi centri commerciali intorno a Green Park. Di tanto in tanto, si volta per guardarmi e, mentre lo fa, una donna del gruppo lo osserva. Chissà se stanno insieme. Mi allontano da tutti e mi appoggio a un muro. Alzo lo sguardo al cielo. Ci sono un paio di stelle, a malapena visibili. Non ricavo davvero nessun piacere dal fumo. In un certo senso, lascio che la sigaretta si spenga, talvolta tenendola tra le labbra e poi picchiettando la cenere dall'estremità, guardando la luce arancione morire e poi tornare in vita e alla fine morire di nuovo quando calpesto il mozzicone.

Tutta l'euforia che avevo provato appena arrivata, che era ciò che rimaneva della notte passata al Posto – la sensazione di essere un'adulta di successo e, per di più, un'adulta *umana* di successo – è svanita. Osservo la Lontra, le sue luci sfocate dietro una foschia di fumo, le sue viscere ribollenti di gente che esce parlando e ridendo ad alta voce, mentre sento dentro di me l'ultimo volo dell'anatra che sta per concludersi, il suo corpo che atterra sulla riva del fiume, stanco e triste.

È passato più di un anno da quando mi sono laureata. Tra un paio d'anni non potrò più ottenere tirocini. Avrò passato troppo tempo fuori dall'accademia di Belle arti, e altri neolaureati otterranno il ruolo al posto mio. Cosa c'è dopo gli stage? È stupido che non abbia pianificato così in là. Avevo pensato che avrei fatto il mio stage qui alla Lontra, e avrei lavorato a stretto contatto con i curatori e il direttore, e poi forse sarei stata assunta grazie all'ottimo lavoro svolto. Avevo immaginato di entrare indossando bei vestiti ogni giorno e mescolarmi con gli altri in ufficio e, alla fine, ottenere la mia scrivania. A Margate, a cena con mia madre, mi ero documentata su Fluxus e sull'arte popolare, zittendo mamma ogni volta che cercava di parlarmi, preparandomi a mettere alla prova le mie conoscenze una volta qui, e a dover elaborare idee. Per tutta la vita sono stata messa alla prova, suppongo, durante gli esami a scuola, e non ho pensato molto al fatto che, ovviamente, dopo sarebbe stato ben diverso.

Non so come facciano gli altri. Come posso andare dal punto in cui mi trovo ora, dall'essere cacciata via dalle fotografie e sostituita da attrici come se non esistessi, a dove voglio essere? Tra un paio di mesi finirò i soldi per affittare lo studio. Com'è possibile che i vampiri in tutti i libri, i film e i programmi tv sembrino sempre così ricchi e di successo, e in grado di affittare o persino acquistare studi, appartamenti, case, a volte intere proprietà? Com'è possibile che riescano a nutrirsi da soli e anche a rimanere così forti? Faccio fatica, ora, persino a colmare il vuoto lasciato da una misera anatra.

Ho voglia di arrendermi, di spalmarmi contro questo muro e chiudere gli occhi e semplicemente non fare nulla – non preoccuparmi di inserirmi nel mondo umano, di stringere amicizia e creare arte, di procurarmi sangue e nutrirmi. Forse piccole piante e funghi crescerebbero su di me intanto che rimango in vita ancora per un po', e diventerei una cosa bellissima, inconsapevole ma vivente, donando vita in molti modi diversi. Potrei essere un uccello o uno scoiattolo, o un'opera d'arte che la gente potrebbe venire a vedere. Potrei semplicemente restare qui, come una roccia, sotto la pioggia e il sole, senza mutare, esistendo soltanto, nell'attesa che qualcuno venga a portarmi del cibo e a nutrirmi.

«Lyd?»

Mi giro. Ben emerge dalla foschia di fumo davanti alla Lontra.

«Ben? Che ci fai qui?»

Indossa una camicia e una bella giacca elegante con pantaloni grigi e scarpe da ginnastica bianche. «Sono stato alla mostra di pittura della RCA lungo la strada. Uno dei miei amici ha un paio di pezzi esposti lì. Ho pensato di venire a trovarti qui, ma è solo su invito» dice. Sembra un po' brillo.

«Be', avrei potuto dirtelo anche io. Perché non mi hai mandato un messaggio?»

«L'ho fatto» risponde.

Prendo il telefono dalla tasca e ci sono quattro suoi messaggi.

"Ehi, sono alla RCA, vuoi incontrarmi qui quando hai finito?"

"In realtà, potrei fare un salto alla lotta per vedere Walter Potter"

"*Lontra"

"e vederti."

«Allora, hai finito per oggi?» chiede Ben.

Torno a guardare l'edificio. «Tecnicamente no. Ma... Immagino che potrei.»

«C'è anche la mostra di scultura della RCA, se vuoi venire con me. Sto pensando di andarci, dopo.» Ben guarda il telefono per vedere l'ora. «Sono le dieci e mezzo. Di certo avrai finito!»

«E il tuo amico?» chiedo.

«Chi?»

«Quello con le opere alla mostra di pittura. È in giro?» Non ho voglia di conoscere qualcuno di nuovo. Ben si gratta il collo. Ci lascia un paio di segni rosa. Li guardo svanire.

«Sì, ma continua a lavorare. Sai, fare networking e roba del genere.»

Annuisco. Torno a guardare l'edificio. «Questa roba finisce tardi, credo. Devo restare fino all'ultimo. Ma sì... non lo so. Mi sento come se avessi chiuso, con questo posto» spiego, riflettendoci per la prima volta adesso, mentre ne parlo.

Ben fa un tiro dalla sigaretta elettronica. È una di quelle squadrate che sembrano particolarmente lontane dalle sigarette. Uno sbuffo di dolce fumo bianco mi atterra sulla testa.

«Chiuso nel senso di... chiuso *chiuso*?»

«Forse.» Gli racconto dell'attrice che ha preso il mio posto come sorvegliante nella sala freak show. «Credo di sentirmi sminuita e sottovalutata» riprendo. «È difficile continuare a vedere il lato positivo» aggiungo, sorpresa dalla mia stessa onestà.

«Sì» annuisce Ben, come se fosse d'accordo. Poi domanda: «Cosa intendi?».

«Oh, non lo so, l'arte» spiego. «All'accademia potevo concentrarmi solo su quello. È stata un'esperienza davvero pura. Tutto ciò che facevo era imparare. Ma ci sono queste persone, nel mondo reale, e avvelenano ogni cosa.»

«Mmm» mugugna. «Wow, sì.» Fa una pausa per un momento. Libera un'altra nuvola di fumo dolce, poi chiede: «Quindi vuoi andare?».

«Okay» accetto. «Devo recuperare la mia roba, però. Rimani qui.»

Torno dentro. Adesso sono tutti fuori dalla sala principale. Sono in quelle espositive e nei corridoi, tutti che danno le spalle alle pareti; il pavimento è appiccicoso, le luci sembrano molto più fioche. Attraverso la sala freak show, dove adesso quasi tutti i quadri hanno al di sotto piccoli bollini rossi, e c'è un'altra persona in piedi al mio posto – la ragazza francese a cui mi sono quasi presentata al piano superiore – con aria cupa nell'angolo, in piedi nell'ombra con un noto collezionista intento a chiacchierare con lei. Vado di sopra. La stanza dei divani è vuota. Trovo la mia camicia e mi cambio.

Sulla via del ritorno, passo davanti a un ufficio con un'unica poltrona. Nel buio c'è Gideon, seduto lì con i piedi su un tavolino pieno di libri. Intorno a lui, sul pavimento, ci sono oggetti avvolti in fogli di plastica bombata da imballaggio e casse che suppongo contengano opere d'arte. Nella sua mano c'è un pezzo di carta che sta guardando attentamente. Porta un paio di occhiali dalla montatura trasparente sulla punta del naso. È la prima volta che lo vedo dall'incidente sulle scale. Sento una strana sensazione nel mio corpo, come se una parte di me – forse quella umana – volesse allontanarsi e quindi mi stesse trascinando verso l'uscita, mentre l'altra parte vuole restare a osservarlo, quindi radica i piedi sul pavimento.

Qualcosa nella postura di Gideon lo fa apparire debole, come se, nel caso in cui ci provasse, non fosse in grado di stare in piedi, il suo corpo che sprofonda nella poltrona e ne assume la forma. La penso come quando l'ho incontrato per la prima volta, ma ora ancora di più: l'aspetto di Gideon corrisponde a ciò che una persona normale si aspetterebbe da un vampiro. Non si tratta dei suoi vestiti, questa volta, bensì della sua faccia olivastra, simile a quella di un cadavere; dei suoi occhi dall'aria vuota, la sua posizione afflosciata, il suo respiro o, meglio, la mancanza di respiro - è completamente immobile, la polvere nella stanza si muove più di lui. Mia madre una volta mi ha detto che credeva che all'origine della nostra specie ci fosse una malattia, nata dal potere e dal colonialismo. Un uomo si era appropriato di così tante cose che non gli appartenevano - case, possedimenti, bestiame, fattorie, corpi degli altri - che aveva smesso di poter nutrire il proprio corpo con il cibo, l'unica cosa che davvero gli spettasse di diritto, ed era stato condannato a poter prendere soltanto ciò che non era suo per il resto della vita, che si sarebbe estesa all'eternità. La malattia si diffuse fino a quando sia i colonizzatori sia coloro che erano stati colonizzati ne vennero colpiti. Non credo a questa storia. Per crederci, dovrei credere in Dio, e non posso farlo con certezza. Ciononostante, ho imparato qualcosa dalla leggenda. Se da un lato non mi ha detto nulla riguardo alle mie origini, mi ha insegnato molto su ciò che mia madre pensava di sé e sulla provenienza di gran parte del suo odio verso se stessa.

Tuttavia, molto probabilmente appropriarsi di qualcosa non fa bene all'anima, e questo è quello che sto osservando ora, penso. Un uomo che ha preso molto. Posso percepire questo in Gideon, così come sento quando una persona mi sta seguendo, così come posso avvertire i battiti del cuore della gente quando ho mangiato. So che possiede molte cose. Arte proveniente dai naufragi, arte dalle città antiche, un calco del cranio di una persona adornato di diamanti da Damien Hirst, arte da tutto il mondo, arte di artisti giovani, vecchi e morti; e, ovviamente, le opere di mio padre. Gideon è ricco e la sua vita è arricchita dalla cultura. Però il suo corpo, immobile e sostenuto da una vecchia poltrona decorata, pare denutrito.

Mi sento strana perché Gideon possiede parte del lavoro di mio padre. I soldi di Gideon alimentano indirettamente la vita di mia madre, ora, e questo significa che sono anche responsabili, in parte, del fatto che la mia vita è così com'è. Mi fa pensare a un bambino nel grembo materno, senza voce in capitolo su ciò che la madre consuma, sangue vitale che entra nel suo corpo attraverso un cordone ombelicale. Anche solo il pensiero mi fa stare male.

«Cosa stai facendo, Lydia?» chiede Gideon all'improvviso, senza staccare gli occhi dal foglio che ha in mano. «Ti sei persa?» Non so cosa ribattere o fare, quindi me ne vado il più velocemente e silenziosamente possibile, prima che Gideon alzi lo sguardo, sperando che creda di avermi solo immaginata.

Scendendo le scale, incontro Heather. Ha un bicchiere pieno di qualcosa in mano; le sue palpebre sono pesanti e le guance arrossate.

«Ciao, Yana» mi saluta.

«Ehi» rispondo. «Adesso torno in sala.»

«Sei stata spostata. Gideon...» inizia. Trascina leggermente le parole. «... ti vuole in ufficio lunedì, al piano di sopra. Alle dieci.»

«Oh, okay» replico. Guardo su per le scale dietro di me, verso l'ufficio in cui probabilmente è ancora seduto Gideon, e poi di nuovo verso Heather. «Perché?»

«Deve piacergli il tuo aspetto» ipotizza Heather.

«Saremo solo io e lui?» chiedo, ma lei non risponde. Barcolla giù per le scale, il suo tacco si incastra sul bordo di un gradino e deve aggrapparsi alla ringhiera per non cadere. Scendo in fretta le scale per aiutarla. La afferro per il braccio e la guido piano. In fondo, mi guarda e quasi mi aspetto che mi dica grazie, ma non lo fa. Mi lancia solo un'occhiata strana, supplichevole, disperata, come se fosse la vittima di un rapimento e io un venditore ambulante che ha appena bussato alla porta e l'ha vista alle spalle del suo rapitore – e poi si allontana, tra la folla che è divenuta, a questo punto, un grande animale pulsante che si muove attraverso le sale come un unico organismo. La Lontra scricchiola dappertutto, come se soffrisse. I gatti banchettanti e i conigli studiosi tremano di nuovo sul posto.

«Sai perché Shakti ha lasciato la Lontra?» chiedo a Ben.

Stiamo andando insieme alla mostra di scultura della RCA. Ben mi ha parlato di come Anju vuole che smetta di fumare la sigaretta elettronica perché non ci sono molti studi sui suoi effetti a lungo termine sulla salute. Ma ho faticato ad ascoltare fino in fondo: non riesco a scrollarmi di dosso il pensiero che forse Gideon mi stava osservando, stasera, e non me ne sono accorta. Ricordo di aver letto, qualche tempo fa, un romanzo di Zora Neale Hurston che inizia con il faraone che assume la forma di un'ombra ed entra inosservato in una stanza dove una donna sta partorendo e la guarda. Mi chiedo se Gideon possa fare una cosa del genere. Mi chiedo se non si stesse nascondendo nel buio nella sala freak show, o se ci fosse il buio soltanto, lì. È un pensiero stupido. So, nel profondo, che è solo un uomo – ho sentito il suo calore mentre gli passavo accanto l'altro giorno.

«Mmm, non lo so. Non credo che me l'abbia detto. Nello stesso periodo, però, ha smesso anche di lavorare» dice Ben. «Un peccato. La sua arte era davvero di qualità. Perché lo chiedi?»

«Così, per sapere. Pensi che sia successo qualcosa alla galleria?»

«Intendi, qualcuno che le ha detto che il suo lavoro non era buono? Nah, Shakti è una tosta.»

«Voglio dire, magari qualcos'altro. Tipo, qualcuno che le ha fatto del male?»

«Mmm» mugugna Ben. «Non lo so. Non voglio supporre nulla. Non mi ha detto niente del genere.»

Alla RCA, gruppi di persone vagano di sala in sala, osservando le opere. C'è un'aria di riverenza per ogni opera d'arte che è inesistente alla Lontra. Me lo ricordo da quando ero una studentessa. Durante la mia mostra di laurea, tutti hanno guardato la mia esibizione con rispetto. Sento una sorta di triste nostalgia mentre vago per questo luogo, mentre osservo persone che scrutano timidamente un'enorme struttura di specchi, altre che, al richiamo dell'artista, toccano con aria nervosa due sculture in pietra, di cui una avvolta nel velluto.

«Allora... Scusa se io...» inizia Ben quando entriamo in una sala in penombra con una grossa pietra porosa sul pavimento.

«Ieri notte?» chiedo.

«Già, scusa se sono stato uno stronzo.» Si china per osservare più da vicino l'opera d'arte.

«Oh, è tutto okay» rispondo. «È stato un po' strano, però. Ho avuto come l'impressione che non volessi presentarmi ad Anju.»

Mi accovaccio accanto a lui. Scopro così che quella sul pavimento non è una pietra, ma il calco di un alveare, e in ciascuna delle celle c'è un minuscolo appartamento con letto, divano, armadio e tappeto. Alcune stanze hanno muri fatiscenti e i mobili sono in disordine, come se ci fosse stato un attacco aereo. Fisso una minuscola cucina, completa di utensili e stoviglie, e una pagnotta parzialmente affettata.

«Sì, immagino che una parte di me non volesse presentarti. Non so perché» replica Ben. «È stata una mossa stupida.»

«Eh?»

«Avrei dovuto presentarti. Ti ho fatto restare male?» chiede timidamente.

«No» rispondo, anche se non so se l'ha fatto o no. Scopro di non voler ferire i suoi sentimenti, anche se lui ha ferito i miei. «Non proprio.»

«Bene.»

Ci separiamo per guardare i lavori nella sala accanto. Le opere sono piccole figure in argilla. A ognuna manca una parte del corpo – un braccio, una gamba, un seno – come se fossero statue antiche a cui siano state staccate le estremità. Osservo Ben con la coda dell'occhio mentre mi muovo nello spazio. Allunga il collo in avanti per studiare ogni pezzo, mentre si stringe il corpo con le braccia. Inciampa nei suoi stessi piedi tra due piedistalli e sento un piccolo «Oops» uscire dalla sua bocca. Lo guardo inclinare la testa e valutare il corpo della figura a cui manca un seno, i suoi occhi evitano il più possibile lo spazio vuoto e studiano invece i suoi piedi. Ci ritroviamo davanti alla porta e usciamo insieme nella sala più grande.

C'è un grande lenzuolo bianco dall'altra parte della stanza, appeso teatralmente sotto un riflettore, e io faccio strada in quella direzione. Un gruppetto è stretto intorno all'opera come se stesse per succedere qualcosa. Restiamo fianco a fianco, ci uniamo al gruppo e aspettiamo. Per qualche ragione, tra noi c'è un po' di imbarazzo; le nostre braccia quasi si toccano, ma non lo fanno. È come se lo spazio tra noi fosse diventato solido e io lo sento, e in qualche maniera sono consapevole che anche Ben lo percepisce.

«Mi chiedo cosa succederà» dico, la mia attenzione fissa davanti a me.

«Mmm» borbotta Ben. C'è solo un centimetro o giù di lì tra le nostre nocche.

Il lenzuolo ha un quadratino ritagliato, a circa due terzi della sua altezza. Dopo un breve attimo, c'è un movimento. Poi, attraverso il buco, vediamo la parte posteriore della testa di una donna: un quadrato perfetto di capelli neri e lisci. La donna si alza molto piano, come se stesse salendo una serie di gradini che non possiamo vedere. Si ferma quando la nuca è al centro del buco. C'è un triangolo di vernice bianca sulla pelle scura della donna, che indica il primo osso della sua spina dorsale che sporge appena.

Per un istante mi dimentico dove sono. Tutti sembrano trattenere il fiato, anche Ben accanto a me. Il collo della donna è bellissimo, molto sottile, con una pelle perfettamente chiara. La punta dei suoi capelli occupa l'ottavo superiore del foro quadrato e funge da cornice. A poco a poco, in modo quasi impercettibile, l'artista inizia a girare la testa verso destra, come se stesse per osservarci attraverso il buco. Proprio mentre iniziamo a vedere la linea della sua mascella, il bordo della sua guancia, l'angolo del suo labbro, lei si gira dall'altra parte, cosicché possiamo scorgere di nuovo solo il suo collo. Mi pare di essere rimasta completamente immobile per tutto il tempo, e pure Ben, ma quando inspiro, proprio nel momento in cui il quadrato si svuota e la donna scompare, le nostre nocche si urtano e i nostri avambracci si toccano. «Wow, sei così affettuoso» dico, senza davvero pensarci.

Ben non risponde, ma vedo che le sue guance diventano rosse. «Allora, che ne pensi?» chiede.

«Non lo so» replico, battendo le palpebre. A volte un'opera d'arte ha un effetto su di me che non riesco a esprimere a parole e nemmeno a comprendere appieno. Mi sento come se fossi appena diventata consapevole di piccole minuzie, mentre guardavamo la donna: le ciocche dei suoi capelli, i pori della sua pelle, il tono della sua carnagione che cambiava leggermente di sfumatura, l'ombra creata dalle sue vertebre. Ho riservato particolare attenzione al collo, ma non perché volessi morderlo; volevo solo continuare a guardarlo, all'infinito, attraverso il tempo, attraverso i secoli, immutabile.

Prima di andare via, prendo il dépliant dell'artista, che ha solo un foglio bianco sul davanti, senza un buco ritagliato. Mi stupisco quando Ben torna nella stanza dove ci sono le statuine di argilla, per prendere per sé il dépliant di quell'artista. La donna color terracotta con il seno mancante è sul davanti. «Non erano male» gli dico mentre usciamo dall'edificio, tanto per fare conversazione. «Quelle piccole sculture.»

«Sì» dice e increspa le labbra, come se volesse aggiungere qualcosa. Poi lo fa: «Sì, penso che a mia madre piacerebbe il suo lavoro».

«Oh, giusto» commento. Mi ero dimenticata della mamma di Ben, della sua malattia. Non so cos'altro dire, quindi resto in silenzio.

Camminiamo lungo il fiume. Ben ha detto che mi avrebbe accompagnata a casa. Gli ho risposto che avrebbe dovuto solo accompagnarmi alla fermata dell'autobus, altrimenti si sarebbe allontanato troppo, ma ha continuato a insistere, quindi ho affermato di dover fare un salto in studio prima di tornare a casa. E così ci stiamo dirigendo verso Vauxhall. Ben sta guardando un messaggio sul suo telefono. «È Anj» dice. «Scusa, ti dispiace se...» Alza il cellulare.

«No, fai pure» lo rassicuro e, mentre percorriamo Grosvenor Road, il fiume da un lato e dall'altra parte un gruppo di ragazzi che urlano qualcosa, lui digita in silenzio per alcuni minuti.

Per qualche ragione, mi rende un po' gelosa sentire il nome di Anju – o forse non esattamente gelosa, ma inadeguata, come se fossi da meno perché Anju esiste e Ben le sta parlando, anche se io sono qui accanto a lui. Alzo lo sguardo sul suo viso intanto che lui fissa il suo telefono. Osservo tutte le lentiggini raccolte intorno al suo naso, le sue labbra rosa brillante, dall'aspetto sano, le due vene sotto la pelle sulla sua fronte che sono appena visibili, la parte del collo all'ombra del colletto della camicia. Non sono sicura di ciò che provo quando lo guardo in questo modo. Non sono sicura di cosa sto guardando, di cosa significhi per me, cosa voglia da lui. Provo l'impulso di allungare la mano e toccare il suo corpo. Il mio, di corpo, si sente quasi svuotato; ho la sensazione di essere un po' instabile sui piedi mentre camminiamo. Suppongo di essere piuttosto affamata. Ben blocca lo schermo e solleva lo sguardo. Mi sembra di vedere il suo grasso, i muscoli e il sangue attraverso la sua pelle, il tutto risplendente come un faro.

«Scusa, sì. Avevo dimenticato di avvisarla che sarei uscito, stasera» dice ora.

«Tutto bene?» chiedo. Distolgo lo sguardo dal viso di Ben per cercare di distrarmi, e fisso invece i miei piedi. Mi metto le mani in tasca.

«Non lo so. Ha problemi con il lavoro e cose del genere. Immagino che stia riscuotendo un certo successo commerciale e quindi il suo pubblico sta cambiando.» Ben guarda dritto davanti a sé mentre parla. «Quelli che ora sono interessati alla sua arte sono persone che vogliono comprarla, gente ricca che desidera i suoi dipinti sopra i divani delle loro enormi case. Comunque, è tutto un po' stupido perché, quando non hai successo, è come se la tua arte avesse più valore. Per esempio, appari solo in mostre e cose del genere ed è tutto incentrato sul significato dell'opera. Ma poi hai successo e diventi fondamentalmente come un allestitore di scenografie, un produttore di stronzate per gente ricca che le appenderà alle pareti così che possano dare l'impressione di avere una cultura.» Ben sospira. «Un po' mi fa sentire grato per la mia mancanza di successo, in un certo senso.»

«Credo che l'arte arrivi a significare qualcosa di diverso per le persone quando diventa qualcosa che possono possedere» commento, pensando al comico che scivolava silenziosamente nella sala della Lontra; c'era qualcosa di inquietante nel modo in cui guardava i dipinti, e ora sono convinta che fosse perché poteva semplicemente acquistarli e appenderli in casa sua, e far sì di essere l'unica persona al mondo a poter vedere quei lavori nel corso della sua vita. Penso alle opere di mio padre che venivano acquistate da collezionisti e personaggi famosi; alcuni pezzi, secondo mia madre, sono stati comprati da un attore di grande successo che è morto e la cui collezione d'arte è andata a sua figlia. È strano sapere che la figlia di questo attore ha più diritti di me su uno dei miei pochi legami con il mio lato giapponese e umano. E poi ci sono i quadri di mio padre che possiede Gideon; ogni giorno, lui può guardarli e studiare i segni sulla seta che collegano ciascuno a un momento specifico della vita di mio padre. Può seguire una linea in un'opera e, per quanto siano passati tanti anni, rivivere il momento in cui mio padre ha scelto di sollevare il pennello dalla seta o di far girare la linea in modo frastagliato. Ogni piccolo segno è una decisione di vita, anche se piccola. Ogni piccolo segno è di proprietà di Gideon.

«Sì.» Ben sembra cupo. «Non lo so. Suppongo che vedere com'è per Anj mi faccia pensare che, cioè, forse non voglio essere un artista, sai? Se è così che deve essere.»

Stiamo zitti per un po'. Mi ritrovo a controllare in automatico la sponda del fiume ogni volta che passiamo davanti a una parte sabbiosa, nonostante non possa assolutamente mangiare nulla ora, mentre passeggio con Ben, a meno che non sia proprio Ben a diventare il mio pasto.

Una volpe attraversa la strada davanti a noi, guardandomi. Avverto un bisogno molto breve e improvviso di inseguirla – essenzialmente, suppongo, di darle la caccia. Mi chiedo come sarebbe; se la volpe sia maschio o femmina; se la volpe sia una madre; se sperimenterei il momento del parto.

«Ah no, va bene così – anche se non sono un granché a spiegarlo» dice lui.

Abbiamo raggiunto il Vauxhall Bridge, che è piuttosto trafficato, e Ben fa un passo avanti e guarda in entrambe le direzioni, controllando che non arrivino macchine. Noto che la sua mano è leggermente sollevata, proprio accanto a me. «Okay» dice, e quasi mi afferra per l'avambraccio. Attraversiamo la strada e andiamo sul ponte.

«Quindi, in pratica, realizzo orologi da... Dio solo sa quanto tempo» afferma Ben con leggerezza.

«Orologi?» ripeto. Ricordo le lancette dell'orologio nel suo studio.

«Sì. Non come quelli normali, però» aggiunge. Continuiamo a camminare per un po'. Un autobus ci passa accanto.

«Hai intenzione di proseguire o ti aspetti che io faccia domande?»

«Scusa, non sono bravo a parlarne» dice Ben. Si agita. «Dunque, mia madre ha ricevuto la diagnosi un paio di anni fa...»

Mi sento un po' in colpa per aver esercitato pressioni. «Va bene così, in realtà non devi dirmelo. Scusami se ho chiesto informazioni.»

«No, è okay. Mi piacerebbe parlartene. È solo che non so...» replica.

Incrociamo un uomo ubriaco, i cui enormi occhi iniettati di sangue mi fissano con avidità e senza scrupoli. Mi avvicino un po' a Ben e seguo lo sguardo dell'uomo, accigliata, ma lui non distoglie il suo; i suoi occhi rimangono fissi su di me, grandi e rotondi, finché non ho l'impressione che, se continuassi a guardare, potrei caderci dentro. Ben sembra non accorgersene.

«Quindi, in pratica» continua Ben. «La mamma veniva bombardata di scadenze di continuo da parte dei dottori. Probabilmente sai com'è. "Mancano sei mesi, un anno, una settimana, oh no, quattro mesi" e così via.» Annuisco, anche se mi spiace di avergli mentito, l'altro giorno, perché ora lui pensa che mia madre sia morta e che quindi possa identificarmi con quello che sta passando.

«Allora sono diventato ossessionato dai dispositivi di misura del tempo, ma quelli che non sono sempre del tutto accurati, o quelli che sono accurati ma magari cambiano a seconda di dove ti trovi, no? Meridiane e cose del genere.» Raggiungiamo la fine del ponte. «E abbiamo dovuto spostare la mamma fuori da casa sua, in una più piccola e più vicina all'ospedale, quindi stavo sistemando le sue cose e ho iniziato a realizzare orologi con gli oggetti della sua vita, proiettando ombre grazie a loro.»

Mi sento un po' in colpa. Avevo pensato che il suo lavoro fosse molto meno personale e ricco di sensibilità, che fosse qualcosa di mediocre e non di mio gusto. Prima di adesso, non mi era affatto sembrato intelligente.

«Ora, però, sto costruendo un orologio floreale.» Annuisce tra sé e sé.

«Un orologio floreale?»

«Sì. La mamma era... *è* una fioraia, quindi sto usando i suoi libri sui fiori per provare a ricreare o, be', per *creare* l'orologio floreale di Carl Linnaeus. Era un tizio del Diciottesimo secolo. In pratica, ogni fiore nell'orologio si apre in un momento diverso della giornata.»

«I suoi petali si aprono?»

«Sì, i fiori hanno ritmi circadiani» spiega Ben. Sta arrossendo. «Non so. Sembra un po' stupido, adesso che lo dico ad alta voce. E in realtà non ha funzionato finora. Ho pensato, però, che con il cambiamento climatico e tutto il resto i fiori inizieranno ad aprirsi in momenti strani, quindi va al di là della questione di... mia madre. È come se più danneggiamo il mondo, e più danneggiamo l'orologio, il tempo e, sì, il futuro.»

«Sembra bellissimo, Ben» commento.

«Sì, non lo so. Voglio dire, cosa ne farò? Che senso ha, davvero? Andrà in una galleria e poi sarà venduto come stampe di fotografie o qualcosa del genere? E poi l'elemento temporale sparirà.»

«Mmm.»

«Scusa» dice Ben, e scuote la testa. «Credo di essere un po' di cattivo umore.» Mi guarda di sottecchi e ride tra sé, nervoso. «Cioè, non so perché ti ho appena detto tutto questo.»

Muovo il capo in segno di diniego. «Stai tranquillo. Allora, che ora-fiore è adesso?» chiedo.

Ben guarda il suo cellulare. «Ugh, già, questa è l'altra cosa. A quanto pare non c'è davvero un fiore per ogni ora, il che è piuttosto problematico. Ma quello più vicino è il *tragopogon pratensis*, comunemente detto "barba di becco dei prati". Apre alle tre.»

«Oh, figo» rispondo. «Quindi questo momento non esiste in ore-fiori?»

«Già, credo proprio di no. Non ci avevo mai riflettuto in questi termini.»

Arriviamo al biscottificio poco dopo le due di notte. C'è silenzio, a parte il rumore lontano di una strada trafficata. Mi sento veramente stanca, e credo sia perché di solito non faccio tanta attività fisica quando sono così affamata. Il mio respiro è più accelerato del normale e sento le gambe tremare. «Ti senti bene?» mi chiede Ben mentre apre il cancello.

«Sì, sto bene. Sono solo stanca.»

All'interno, la fabbrica è immersa nel buio. Ben accende le luci, che sfarfallano sopra la nostra testa. Stranamente, il disagio torna tra noi adesso che siamo nell'edificio, come se la luce naturale della luna ci avesse aiutato ad ammorbidirci e avesse reso più facile parlare. Ora, sotto le dure luci al neon, evitiamo anche di guardarci negli occhi.

«Va bene così, non serve che entri» dico. Noto che le mie parole suonano impastate. «Probabilmente rimarrò qui per un po' e poi tornerò a casa più tardi.»

«Nah, stai tranquilla» ribatte Ben. Mi fissa, accigliato. «Ma sei sicura di stare bene?» Annuisco.

Percorriamo il corridoio fino al mio studio, Ben cammina davanti a me e ogni tanto si volta. Guardo la sua nuca, le ciocche di capelli che vibrano a ogni suo passo e, per un attimo, mi torna in mente di aver succhiato il suo sangue dall'asciugamano usato per pulire il suo taglio – di averlo sentito scivolare con facilità giù per la gola, e le sue esperienze che abitavano momentaneamente il mio corpo: viaggiare in autobus per andare a scuola, mangiare panini con la crosta tagliata e poi, più tardi, molto più tardi, io stessa che mi avvicino al biscottificio, il sole che picchia su di lui, io che emergo dall'ombra – i suoi occhi indugiano sul mio viso e sul mio corpo... lui mi trova attraente.

«Allora, stai davvero lasciando la...» Ben indica dietro

di noi con il pollice per intendere la Lontra, anche se l'edificio vero e proprio è ormai a chilometri di distanza e magari in una direzione del tutto diversa. Ci siamo fermati fuori dalla porta del mio studio.

«La Lontra?» chiedo.

«Sì.»

«Immagino di non aver ancora deciso del tutto.» Infilo la chiave nella serratura e la porta si apre. Dentro è buio pesto. C'è uno strano odore acre nell'aria. Entro.

«Scusa» dico. «È un po' disordinato.»

Ben accende la luce, lasciandola al minimo, e mi segue. La porta si chiude. Il mio portatile, la pianta di Ben che oscilla leggermente dal gancio, Baba Yaga, il mio quadro, i colori, lo Sher-Gil appoggiato al muro, il tappetino da yoga dove ho dormito, la biancheria intima usata, la scatola del sangue di maiale essiccato, l'asciugamano insanguinato di Ben e l'anatra – l'anatra, ancora nel lavandino, il collo che pende dal bordo, la testa rivolta verso il pavimento – vengono portati alla luce. «Sì, non so ancora per quanto riguarda la Lontra» dico, e mi avvicino al tavolo, con sopra il dipinto, il burattino e i libri, così l'attenzione di Ben viene distolta dal lavandino. «Non lo so. La gente lì è stronza... e Gideon, il direttore, è un po' un maniaco.»

«Veramente?»

«Già. È... non lo so. È difficile da spiegare.» Sto per dirgli di come Gideon mi guarda, e di come mi ha afferrata sulle scale, ma qualcosa mi ferma. È come se il mio lato umano fosse imbarazzato; o forse è il mio lato da demone a esserlo perché non è stato capace di proteggere il lato umano in modo appropriato. «Ma sì, è comunque un'esperienza, no?»

Ben si acciglia. «Be', credo che tu abbia fino a lunedì per decidere» dice alla fine.

Mi si avvicina e si accovaccia per osservare il mio dipinto. Non lo prende in mano, lo guarda come se fosse già appeso in una galleria, regolando la sua altezza e la sua posizione, spostandosi leggermente a destra, poi leggermente a sinistra, per studiarlo. Sembra piuttosto bello in questa luce; di solito, i suoi capelli, il naso e la fronte gli proiettano lunghe ombre sul viso, tingendogli la pelle di grigio.

«L'hai dipinto tu?» chiede, e sembra sorpreso.

«Sì.»

«È carino.»

«Carino?»

«No, voglio dire, cioè, è davvero buono... Non ho mai visto niente del genere. Sul serio.»

«Grazie.»

Ben si accomoda sulla sedia su cui ho dipinto Yaga. Mi appoggio al tavolo accanto a lui.

«Quindi, in pratica, mia madre è stata trasferita all'ospizio, questa settimana» rivela. Si morde il labbro. È di fronte al burattino Yaga, quindi sembra che stia effettivamente parlando con lei.

«Oh mio Dio, Ben» replico. «Mi dispiace.»

Scuote la testa. «No, va bene. Solo... non lo so... volevo dirtelo.»

Mi guarda e sorride. Lo faccio anch'io di rimando, ma con una specie di mezzo sorriso, per metà preoccupato e corrucciato. «Se c'è qualcosa che posso fare...» inizio, e poi il mio braccio si sposta in avanti, verso quello di Ben. Le mie dita toccano la sua pelle e, in un certo senso, la accarezzano. Non avevo affatto previsto di farlo. È come quando ho rubato il burattino e i libri. Mi chino in avanti.

«Va bene se...?» mi sento dire.

«Sì» sento la voce di Ben rispondere.

Posso vedere da vicino le sue vene. Riesco a scorgere le sue lentiggini, come nessuna di loro sia un cerchio perfetto, ma come tutte abbiano la forma di piccole stelle. Non ho mai toccato un essere umano così prima d'ora. Non sono mai stata toccata da un essere umano così prima d'ora. Nel petto avverto una sensazione che non credo di aver mai provato, il mio cuore che batte forte, batte fortissimo, in modo piacevole; il mio respiro, che di solito è lento, si sincronizza con quello di Ben, quindi respiriamo insieme. Inspiro il suo respiro, lo espiro e lo inspiro di nuovo. Sento i miei denti farsi affilati contro la lingua. E poi le nostre labbra si incontrano.

PARTE 3

7

Avevo tredici anni e Ye-Ye era passata da casa. Mamma aveva ascoltato la nostra conversazione sulla relazione tra Buffy e Angel da dietro la porta socchiusa. «Cibo e sesso significano la stessa cosa per il demone» mi disse mia madre dopo che Ye-Ye se ne fu andata. «Se mai dovessi avvicinarti troppo a un essere umano, perderesti il controllo e il tuo lato umano perderebbe la sua anima, proprio come in quel programma tv.»

«Ma tu e papà? Se questo è vero, com'è allora che sono nata io?»

«Niente domande» rispose. «Dentro il tuo corpo c'è la morte.»

Il sangue dell'anatra sta finendo. Le mie vene sono quasi vuote. Posso sentire la morte dell'uccello dentro di me. Avverto la sabbia sul mio petto e sulla pancia. Sento le piume impregnate d'acqua che mi appesantiscono; ho scoperto che l'anatra era vecchia; la sua visione è offuscata; il suo cuoricino sta rallentando. Ma poi Ben prende il suo posto. E non so cosa sia. È come se lui si adattasse perfettamente a me o qualcosa del genere, come se mi riempisse del tutto. Oppure è la differenza di temperatura. La pelle di Ben è caldissima; tutto dentro il mio corpo sembra bruciare. I miei organi finalmente ricordano com'è essere vivi e lavorare. In ogni modo, sono sazia e non avverto nemmeno la fame; dimentico il bisogno di mangiare. Il collo di Ben mi si presenta davanti, proprio sotto il naso, proprio accanto alla bocca, e sento il sapore del sudore che lo ricopre come una pellicola, ma la voglia di mordere è assente. È soltanto un collo, un collo umano; e io, lì accanto, sono soltanto un essere umano. «Oh mio Dio, ti sento così... strana» aveva detto Ben, entrando dentro di me. «Piacevole ma fredda... Come mai?»

«Non lo so» gli avevo risposto all'orecchio.

Aveva lasciato cadere il discorso e, mentre andavamo avanti, mi aveva riscaldata, ed eravamo tornati a essere solo due normali individui; in ogni parte del mio corpo percepivo il suo calore e ne prendevo possesso.

Più tardi, mentre sono sdraiata accanto a Ben, che sta russando, mi chiedo se magari sia possibile vivere solo come un essere umano, o almeno per lo più umano. Se sia possibile sopprimere il demone quanto basta per farmi essere normale, a parte la mia dieta, che limiterei al sanguinaccio. Forse la mia volontà inizierebbe davvero a trasformare le cellule del mio corpo. Forse, alla fine, sarei in grado di espormi alla luce diretta del sole e di non scottarmi con tanta facilità; magari potrei incontrare qualcuno e andare in un posto bello con loro, da qualche parte con delle spiagge, e semplicemente sdraiarmi all'aperto come gli umani, senza fare nulla, giocando con la sabbia, lasciandola scorrere tra le mie dita, raccogliendola di nuovo per poi ricominciare. Forse, alla fine, potrei persino cominciare a invecchiare. Magari una mattina mi potrei guardare allo specchio e scoprire che tutte le volte in cui ho riso con il mio partner si sono incise sul mio viso, e che sono apparse delle linee sottili intorno agli occhi e alla bocca. Nuove ciocche di capelli mi crescerebbero sulla testa, di un bel colore argento; le mie ossa alla fine diventerebbero più fragili e dovrei stare attenta a camminare sul cemento. Il mio partner, i miei amici, mia madre – tutte le loro vite finirebbero, a un certo punto; e poi, una volta diventata molto più magra di adesso, forse un po' più bassa, con i capelli più sottili e di un bianco puro, vedrei un'apertura al termine della mia esistenza come uno squarcio tra le nuvole e mi allungherei in quella direzione, e sentirei la vita staccarsi dal mio corpo, cadere come scaglie, sparpagliarsi ovunque, e io sarei sempre più leggera fino a diventare niente, assolutamente niente. Andata.

«Quella è... un'anatra?» Ben è sveglio e seduto per metà sul tappetino da yoga. Sta guardando il lavandino. Suppongo che i suoi occhi si siano abituati alla luce, visto che non li strizza più.

«Ehm» mugugno. Mi siedo. «Sì. In pratica, sì.»

«Oh mio Dio» esclama Ben. «È quello il... l'odore?»

«Be'... sì, suppongo di sì.»

All'improvviso, la faccia di Ben si contorce e lui ha dei conati.

«Che c'è?» chiedo. «Andiamo, l'hai annusato per tutta la notte. Ora pensi che sia disgustoso solo perché sai di cosa si tratta.»

Ben afferra il mio maglione con l'orologio e si copre la bocca e il naso. «Perché hai un'anatra?» domanda attraverso la stoffa. «Voglio dire, è completamente coperta di piume e tutto il resto. O, sai, in qualunque modo si possa definire un'anatra che non è come quella che trovi nei supermercati.»

Mi alzo. Mi metto i pantaloncini e infilo gli stivali. Indosso ancora la maglietta. «Va bene, la porto fuori.»

Vado al lavandino e prendo l'anatra per il collo. Ci sono alcune cose che si muovono sotto e accanto a lei. La risciacquo sotto il getto del rubinetto e lavo via nello scarico quelli che immagino siano vermi. «Ugh, mio Dio, da quanto tempo è lì?» chiede Ben. I suoi occhi sono strabuzzati. «Dio, non posso restare qui» annuncia con aria melodrammatica, e inizia a vestirsi. Il suo corpo è piacevolmente morbido e roseo. Scompare nei pantaloni e nella camicia che indossava prima.

«Vai al tuo studio, ci vediamo lì tra un minuto» dico, poi raccolgo le chiavi e porto fuori l'anatra. Si lascia dietro una sorta di residuo per tutto il percorso.

Busso alla porta di Ben. Quando risponde, noto che la sua espressione è diversa da com'era solo pochi minuti fa.

«Ehi» dice, e lascia andare la porta così devo tenerla aperta da me. Va verso l'altro lato dello studio, dove il suo telefono è collegato alla presa. È a metà della scrittura di un messaggio.

«Ehi» ripeto, poi mi avvicino a lui e gli metto una mano sulla spalla. Non alza lo sguardo. Continua a digitare. Lo sento inspirare come volesse liberare un sospiro, ma si limita a espirare, con lentezza e in silenzio.

«Scusa, ti dispiace se...» inizia, e fa un cenno verso il telefono.

«Oh sì... scusa.» Ritraggo la mano. Mi chiedo se sia perché ho l'odore dell'anatra ancora sulle mani. Vado al lavandino e le lavo. Quando mi volto di nuovo verso Ben, ha finito di inviare il messaggio ed è semplicemente seduto sul pavimento, che guarda con aria assente attraverso la stanza verso una finestra. Adesso sospira come si deve. È accigliato. Sembra stanco.

«Va tutto bene?» Mi asciugo le mani sulla camicia.

Ben scuote la testa. «Oh, andiamo, lo sai. Anju» spiega.

«Oh, giusto.» In qualche modo, mi ero dimenticata di lei – o, piuttosto, non mi ero dimenticata di lei, ma mi sentivo così importante, come se avessi preso tutta la vita di Ben per un momento, e lui avesse preso la mia, che Anju era svanita sullo sfondo. «Allora cosa hai intenzione di fare?» chiedo. Sembra una domanda stupida. Calcio di lato un paio di calzini di Ben e mi siedo a gambe incrociate sul pavimento.

«Non lo so. Voglio dire... Suppongo che dovrei andare a casa» risponde Ben. «È stato...» Scuote la testa. Il suo telefono si illumina. Guarda lo schermo per un istante e poi lo rimette giù. «Non lo so...»

«Mmm.»

«Non lo so, mi sento in colpa... Non avremmo dovuto...» Sospira di nuovo. «Lydia... Mi piaci davvero, ma questo...» riprende. «Voglio dire, non voglio farti del male, sai?»

«Sì, lo so.»

«Stai bene?» chiede ora.

«Sì.»

«Cazzo» sbotta Ben, e si prende la testa tra le mani. Poi si alza. «Bene, credo di dover andare. Anju mi sta aspettando e... sì.»

«Okay» dico. Ben rimane fermo per un attimo a fissarmi. Mi rendo conto che sta aspettando che anche io mi alzi. Mentre lo faccio, stacca il telefono e comincia ad avvolgere il cavo intorno alla spina del caricabatterie.

Percorriamo in silenzio il corridoio e le scale.

Quando arriviamo alla porta d'ingresso, dico, incerta: «Mi dispiace davvero per l'anatra».

«Sta' tranquilla» replica Ben, il volto ancora cupo, le chiavi appese a un dito.

«Resterò per un po' nel mio studio, quindi... Ci vediamo, suppongo...»

«Sì» dice Ben. «Scusa, Lydia, devo andare.» Se ne va senza guardarmi. La porta sbatte. Resto nell'atrio e aspetto di sentire anche il suono del cancello che si chiude, poi torno nel mio studio.

Sono rimasta seduta con la schiena contro il muro per quelle che mi sono sembrate ore e ore, chiedendomi come mi sento ma senza riuscire a trovare una risposta definitiva. Ho provato a mandare alcuni messaggi a Ben, però tutto ciò che scrivo mi suona sbagliato, lo cancello e non invio nulla. Alle nove del mattino ricevo un messaggio da Anju, che mi chiede se voglio incontrarla per un pranzo sul tardi, lunedì. Dico che non sono del tutto sicura di quando e se avrò una pausa pranzo, ma le farò sapere.

Non provo davvero niente mentre le mando il messaggio. Non mi sento male, ma nemmeno particolarmente bene, come ieri, all'idea di incontrarla. È come se il mio cervello l'avesse compartimentalizzata, insieme al suo legame con Ben e a quello che è successo ieri sera, e mi avesse fatto pensare a lei come a una persona del tutto disgiunta dalla mia vita qui nella ex fabbrica. È come se non la vedessi più come umana. Se penso al suo viso e cerco di immaginarlo mentre esprime tristezza, felicità o qualsiasi altra emozione, non ci riesco. "Sì, certo, a dopo, baci" risponde.

Il mio corpo è davvero debole, adesso. In parte perché continua a lavorare quando ormai non riceve quasi niente; ma mi sembra anche che, quando Ben se n'è andato, abbia portato con sé una parte di me. Forse è perché, mentre facevamo sesso, ho speso energia che non potevo davvero permettermi di perdere, e sembra che quell'energia sia stata rubata da Ben e sia stata assorbita da lui; anche se, allo stesso tempo, ha dato vita al mio lato umano. Forse è solo il demone che è affamato e indebolito: mai prima d'ora avevo abitato il mio corpo come è accaduto con Ben; mai prima d'ora mi ero sentita così umana.

Adesso, dentro di me, esiste una parte di Ben alla ricerca di qualcosa. Immagino un sentiero arido al mio interno, il mio grembo una caverna abbandonata, le mie ovaie tristi nidi senza uova. Mi domando, tuttavia, se lì dentro non ci sia anche solo un angolo piccolo e sicuro in cui far crescere un bambino – se forse, come per mia madre, dentro di me ci sia una minima possibilità di ospitare la vita. Mia madre non si è mai presa la briga di insegnarmi le regole della contraccezione, quindi dubito che sia possibile. Mi ha soltanto avvertita di non avvicinarmi a nessuno, tanto per cominciare.

Abbandono la testa all'indietro e colpisco il muro alle mie spalle. Un piacevole, debole dolore si diffonde dalla parte posteriore della mia testa agli occhi, dove si manifesta in forma di puntini nella mia visuale. Lo faccio di nuovo, e poi di nuovo.

Sto guardando *Buffy* sul mio portatile. Sono alla fine della seconda stagione, in cui le istruzioni per ripristinare l'anima di Angel sono state salvate su un floppy, ma Willow l'ha perso facendolo scivolare oltre il bordo di una scrivania, quindi Angel non riavrà la sua anima indietro per tempo e Buffy lo dovrà uccidere. È una ragione così sciocca per cui un vampiro deve morire: solo uno stupido dischetto giallo e il fatto che una scrivania e un armadietto non sono abbastanza vicini tra loro. Se fosse stato ambientato ai giorni nostri, le istruzioni sarebbero state salvate nel cloud, quindi tutto sarebbe andato bene.

Io e Ye-Ye avevamo l'abitudine di organizzare pigiama party e poi guardavamo *Buffy* tutta la notte, e discutevamo su quali personaggi ci assomigliassero di più, e scommettevamo su quanto sarebbero durati quelli asiatici, che erano sempre vampiri, prima che Buffy li riducesse in polvere. La mamma ordinava la pizza per Ye-Ye e mi preparava del sangue caldo nella fiaschetta che portavo a scuola, quella con la cannuccia telescopica di plastica opaca che usciva dall'alto, almeno potevo bere con discrezione. Ora apro Instagram e guardo il messaggio privato di Ye-Ye dell'altro giorno. Immagino che probabilmente abbia visto che l'ho letto. Forse si sta chiedendo perché non rispondo. Una parte di me vuole davvero farlo. Ci penserò un po'. Mi piacerebbe vedere com'è adesso, sentire cosa sta facendo, magari mandarle un messaggio su di me che guardo *Buffy* e penso a lei, magari parlarle della scorsa notte e di Ben e dei miei sentimenti, quali che siano, ma l'idea di doverla poi escludere di nuovo dalla mia vita è troppo dolorosa.

Per qualche tempo, ho pensato di trasformare Ye-Ye. Avevo tredici anni e avevamo tazze *Forever Friends* abbinate, oltre a collane per migliori amiche e braccialetti dell'amicizia che avevamo intrecciato l'una per l'altra. È stata la mia tazza a farmi riflettere. L'espressione "per sempre", incisa in alto sopra un'immagine di due orsi dall'aria tenera. A quell'età, sembrava che il nostro rapporto non potesse mai cambiare; e poi ho capito che avrei potuto fare in modo che, una volta raggiunti i diciotto o i vent'anni o qualunque età potesse essere definita il nostro picco, smettessimo di crescere e potessimo guardare *Buffy* sul divano insieme per sempre - per secoli e secoli - e sentirci ancora più vicine perché entrambe bevevamo sangue. Non l'ho trasformata perché mia madre ha scoperto cosa stavo pianificando e mi ha mostrato che, se l'avessi fatto, avrei essenzialmente ucciso Ye-Ye e l'avrei mutata in qualcosa che non era la Ye-Ye che conoscevo. Avrei perso la mia amica per sempre, aveva detto - cosa che però, in pratica, è successa comunque.

Mentre guardo il messaggio di Ye-Ye, il telefono squilla. Lascio che la chiamata passi alla segreteria telefonica e poi ascolto il messaggio. È il dottor Kerr. Lo stomaco sprofonda quando sento la sua voce. Non c'è più spazio nel mio cervello per mia madre, al momento. Sento che, se lasciassi entrare troppo di lei, potrei dover spingere fuori qualcosa di fondamentale - come la mia capacità di provare emozioni o di creare ricordi o di comprendere il linguaggio. Il dottor Kerr mi informa che mia madre è stata costretta a letto, non ha socializzato affatto con gli altri residenti, non ha parlato con nessuna delle infermiere, e vogliono che io paghi perché lei diventi una residente sempre assistita, cosicché possa mangiare pasti con gli altri, e poi divertirsi con i giochi da tavolo. «Aspetteremo finché non avremo sue notizie, ma a questo punto siamo preoccupati per la sua felicità e il suo benessere. E pensiamo che essere coinvolta di più nella comunità del posto l'aiuterà» conclude il messaggio il dottor Kerr. Blocco lo schermo. Io sono preoccupata per la *mia* felicità e il *mio* benessere, vorrei dire. Mia madre mi ha mentito sul sesso, su così tanto – e questa mattina, il fatto che Ben continui a esistere ne è la prova. Voglio dirgli che non è più una mia responsabilità. Lei è sua.

Scaccio dalla mente mia madre e Crimson Orchard. Cancello il messaggio vocale, poi guardo #cosamangioinungiorno su Instagram. Mi lascio cadere sul pavimento. Sono esausta. Sono di fronte al muro, quindi riesco a vedere solo la mia mano, il mio telefono e il cemento spoglio. Non voglio guardare il mio studio e tutte le cose che contiene. Non voglio nemmeno vedere il dipinto che ho realizzato e di cui ero così felice, o il burattino Yaga che è sul tavolo, il suo corpo immobile e vuoto. Dietro di me, inizia il prossimo episodio di *Buffy*, e comincio a scorrere le foto di vari pasti al suono di Buffy che parla.

I post di Instagram "cosa mangio in un giorno" sono diversi dagli equivalenti su YouTube. La maggior parte inizia con la foto di una donna bianca con un corpo atletico e muscoloso. Sembrano tutte pubblicità di personal trainer. Diventa noioso abbastanza in fretta, quindi cerco su YouTube e ritrovo il percorso per tornare alla ragazza giapponese che ho visto l'ultima volta. Mi perdo nel mio telefono. Il tempo diventa strano e incommensurabile, mentre guardo giorni e settimane di pasti consumati in brevi video; il sole sorge e tramonta e sorge e tramonta ancora e ancora dietro le varie persone che osservo, e comincio a perdere quasi del tutto il senso di ciò che mi circonda. È come sballarsi. Mi piace. Alla fine, mi ritrovo a fissare qualcuno che esegue i passaggi per preparare i pancake di riso e tonno e li memorizzo attentamente come se dovessi prepararli io stessa; a metà video, il mio telefono muore.

Rimango sdraiata sulla schiena con gli occhi chiusi per un momento, quindi attraverso la stanza rotolando verso la scatola del sangue di maiale. Sollevo la testa con fatica per vedere dentro la polvere marrone scuro, sospiro e poi torno indietro, sempre rotolando attraverso la stanza. La polvere in quella scatola sembra rappresentare così bene ciò che sono: una cosa che è totalmente e completamente tagliata fuori dalla vita umana, o anche da quella animale; una cosa che è stata prosciugata di tutto ciò che un tempo sosteneva un vero corpo vivente; qualcosa che è talmente priva di vita che non marcisce nemmeno, e se ne sta semplicemente nell'angolo del mio studio, fuori dal frigo, nella sua scatola, immutabile. Il pensiero di nutrirmi di quella polvere mi rivolta; l'idea che entri nel mio corpo, che ne faccia parte, mi fa sentire come se io stessa fossi rivoltante.

Collego il telefono e aspetto che si ricarichi a sufficienza da riaprire YouTube, poi guardo alcuni video che trovo i più strani tra tutti quelli sul cibo: vlog di recupero dai disturbi alimentari, in cui le persone si filmano mentre lottano per mangiare cibi che fanno ingrassare. Osservo, in soggezione, una donna forse un po' più grande di me che si mette un bastoncino di cioccolato tra le labbra e chiude gli occhi. Nel minuto successivo, la sua mascella si chiude molto lentamente intorno al cioccolato e ne prende un morso, e sembra soffrirne. La pelle della donna è di uno strano grigio-giallastro e i suoi occhi sono sporgenti; la bocca è racchiusa su entrambi i lati da rughe provocate non dall'età ma dalla sparizione graduale del corpo sotto la pelle. Mi chiedo se magari ci sia, nella donna, un demone che cerca di lasciar morire di fame l'umano, in modo che possa impossessarsi completamente della pelle, dello scheletro e degli organi.

È una progressione di pensiero abbastanza fluida. Guardando la sua pelle giallastra e le guance incavate, immagino che le mie stesse guance si riempiano e la mia pelle avvampi di un bel colore caldo. Mi chiedo se sia possibile fare la stessa cosa con il mio corpo; magari potrei morire di fame e indebolire il demone e, in un certo senso, stanarlo. Gonfio le guance d'aria.

Prima che venissi trasformata, il mio corpo umano era capace di sostenersi da sé, anche se solo per qualche giorno. Qualcosa in me deve aver mantenuto il battito del mio cuore e i muscoli sopra le mie costole tesi e poi rilassati, lasciando che l'aria entrasse e uscisse dai polmoni. È possibile che quel potere umano sia ancora lì, solo dormiente. Forse c'è davvero molto potenziale umano in me. La scorsa notte, quando il mio corpo è stato riscaldato da Ben, mi sono sentita viva come mai mi era successo prima. Il cuore si è svegliato e ha preso a battere più in fretta di quanto il demone potesse permettergli di fare; ho provato un piacere migliore e più intenso del mangiare. Ho sentito il sangue di Ben scorrergli nelle vene, ma non avevo voglia di berlo: provavo solo gratitudine perché era vivo, ed era con me. Era stata l'anatra a respingere Ben – la morte, essenzialmente, lo aveva respinto: i resti del mio ultimo pasto. Se mi nego il sangue, finché non sarò in grado di consumare e vivere di cibo umano, forse il lato umano di me diventerà più forte e attirerò anche gli umani a me, e una vita umana per me stessa, e l'amore umano.

Vado su Facebook e scorro la home distrattamente, osservando soltanto le forme create dai blocchi di testo e alcune immagini di bambini e di cene. Poi blocco di nuovo lo schermo e ascolto Buffy, che parla ancora dal portatile, e tengo in equilibrio il telefono sulla fronte. È bello averlo lassù. È un peso piuttosto piacevole. A poco a poco, mi lascio andare a qualcosa di simile al dormiveglia, a malapena cosciente dei personaggi di *Buffy* che discutono di un piano per uccidere un vampiro particolarmente forte, ma con nuove immagini e altre voci che accompagnano il dialogo nella mia testa.

«Lydia, sono tornato. Non riuscivo a smettere di pensare a te» afferma Ben nella mia mente, tutto tenero e bagnato dalla pioggia, in piedi fuori dalla porta del mio studio. Gli tolgo la maglietta e con quella vengono via grossi pezzi di carne. Lui è fatto di torta.

«Non posso mangiare la torta» dico, mortificata. «Non ho uno stomaco che funziona correttamente.»

«Lydia, sono tornato. Non riuscivo a smettere di pensare a te che mi mangiavi» continua Ben nella mia testa, tutto dolce e bagnato dalla pioggia, in piedi fuori dalla porta del mio studio. Gli tolgo la maglietta ed è tutto strano, grigio e magro. Gli mordo il collo e bevo e sento il mio corpo riempirsi e la mia energia tornare in me e poi… «Svelto, veloce» ordino, e gli porgo il burattino Yaga perché beva.

Apro gli occhi; sento bussare. C'è qualcuno alla porta. «Ehiii» la voce di Maria l'attraversa. «Lyyyd, ci sei? Ho portato degli snack» grida. I colpi si fermano e poi il telefono vibra sulla mia fronte. È un messaggio di Maria. Guardo il testo sulla schermata di blocco in modo che non sappia che l'ho letto. "Ehi, Lyd, sono fuori dal tuo studio, riesco a sentire delle voci lì dentro, ci sei?"

Arriva un altro colpo alla mia porta. Spengo la vibrazione e appoggio il telefono sul petto. Chiudo di nuovo gli occhi e ascolto i passi di Maria che si allontanano lungo il corridoio, e poi il rumore della porta del suo studio che si apre e si chiude. Sono disgustata da me stessa. Una parte di me vuole seguire Maria. Una parte della mia mente in realtà è già lì che si gioca il tutto per tutto, bussando alla sua porta, aspettando che lei risponda, entrando nella sua stanza, in piedi nell'ombra proiettata dalla sua arte – un'ombra occupata non soltanto da me ma anche da altre cose orribili: le mani di Gideon che brancolano in avanti, reggendo una parte del mio corpo che lui ha strappato via come fosse una scultura in suo possesso, gli occhi strabuzzati, e poi la morde e la divora. Ma no, dice una voce nella mia testa. *Ferma! Fermate quella donna! È un mostro.* Le zampette di Maiale si arrampicano sul mio polpaccio mentre prosciugo la sua padrona e lui piagnucola, implorandomi di smettere di mangiare.

Borbotto e mi sollevo a sedere. La stanza gira; la mia lingua sembra grande e pesante in bocca; mi fanno male le tempie. Perché devo essere così affamata? Perché la mia forza di volontà deve essere così debole? Come potrò far morire di fame il demone che è in me e poi vivere come un essere umano se non riesco nemmeno a smettere di pensare al sangue? Raggiungo il ripiano del tavolo e trovo la gonna di Yaga. La tiro giù e lei atterra sul mio stomaco. Infilo la mano al suo interno.

«Ti odio» sbotto, e lei abbassa la testa. Scopro i denti e scatto. «Sei disgustosa» continuo. Porto il suo corpo verso di me e mordo la cucitura che unisce la sua testa alla stoffa del vestito, e succhio, immaginando di prosciugarla. Poi la getto sul pavimento e la sua testa emette un forte colpo mentre atterra.

Mi sento quasi immediatamente in colpa, quindi la raccolgo e la cullo. «Mi dispiace. Non so che c'è che non va in me» dico.

Non so per quanto tempo rimango nel mio studio, scivolando dentro e fuori dal sonno, guardando *Buffy* e i video sul telefono, con Yaga ora amorevolmente rimessa al suo posto sulla mia mano. Finisco un'intera stagione di *Buffy* e riemergo dal mio stupore quando si è ormai diplomata al liceo ed è al college, ora con un nuovo fastidioso fidanzato soldato, non vampiro. Scopro di essere sotto il tappetino da yoga, in un certo senso tranquilla e radicata sotto il suo peso e quello degli oggetti al di sopra.

Striscio fuori. Mi sento debole e malata. Riesco a malapena a ricordare i voli dell'anatra, adesso; la presenza dell'uccello dentro di me è svanita, sono rimasti solo i resti della sua vita: la sensazione di una strana flaccidità che si impossessa dei suoi muscoli, il fetore che sente provenire da se stesso. Una cosa strana che accade al mio corpo quando supero gli stadi iniziali della fame è che comincio a tremare e mi viene la pelle d'oca, nonostante la mia temperatura corporea sia fredda come dopo aver mangiato, come quando ero piena. Prima pensavo che fosse qualcosa ancora presente, un residuo di quando ero completamente umana e avevo bisogno del calore corporeo per sopravvivere; ora, però, mi chiedo se sia davvero il mio io umano a emergere quando il mio io demoniaco si indebolisce e svanisce sullo sfondo.

Metto in pausa *Buffy* e cerco i sintomi della fame sul portatile, chiedendomi se ciò che sento ora corrisponda alla fame umana, e trovo un documento sul sito web del Sistema Sanitario Nazionale che descrive la cosiddetta "scala della fame" – un elenco di sintomi classificati da 1 a 10. Guardo il 10: "Oltre il pieno" si legge. "Questa è una tipica sensazione da giorno di Natale: stai male nel fisico, non vuoi o non puoi muoverti e ti senti come se non volessi mai più vedere del cibo. Non è un buon punto da raggiungere!" Non l'ho mai sperimentato in vita mia e lo desidero così tanto; voglio così tanto essere piena di altri umani, piena di grassi, proteine, carboidrati e vitamine. Scendo lungo la scala, arrivo a 1. "Oltre la fame" si legge. "Potresti avere mal di testa e avvertire vertigini e mancanza di concentrazione. Il tuo corpo si sente totalmente senza energia e hai bisogno di sdraiarti." Vorrei poter tracciare la mia fame su questa scala umana. Vorrei poter sentire solo mal di testa, vertigini e mancanza di concentrazione. Ma sento anche un terribile vuoto spirituale. Dall'anatra avevo ricevuto l'urgenza di aggrapparmi alla vita, di fare dei piccoli, di proteggere le uova, di allevare gli animali che ne sarebbero usciti. Da Ben avevo ricevuto l'amore per la famiglia e gli amici, che spesso è difficile e si manifesta in forma di lutto, dolore e preoccupazione, ma è anche meraviglioso e dà significato a tutto. Anche dai maiali ho ricevuto l'amore per i loro piccoli, e una specie di affetto persino per i proprietari umani che si occupano di rifornire il cibo e riempire i loro abbeveratoi. Tutti gli animali – umani, uccelli e maiali – sentono di appartenere a qualcosa di più grande di loro: famiglie, greggi o qualcosa di più ampio e meno definibile. Ora provo solo l'assenza di qualcosa come l'amore, come la fede, di uno scopo, di un significato, di una forma di apprezzamento per qualsiasi cosa. Ma non voglio dover mangiare per riavere queste cose. Oppure voglio mangiare, ma consumando il cibo che gli esseri umani preparano con amore per se stessi e gli uni per gli altri: pasti cucinati in casa, tè, latte caldo e alimenti del genere.

Mi guardo intorno nello studio. È un casino. Tutta la mia roba è sparsa qua e là, e nel lavello – nel punto in cui avevo lasciato l'anatra – si è formata una macchia tra il marrone e il nero, che inizia all'interno della vasca e poi va su e oltre il bordo, come facevano il collo e la testa dell'anatra. L'odore aleggia ancora nell'aria, anche se non mi dispiace più di tanto. Osservo la macchia e noto i corpi di alcuni vermi qua e là, e un paio ancora in movimento. Sospiro. La pianta finta che mi ha regalato Ben è probabilmente l'unica cosa carina nella stanza.

Decido di riordinare. Voglio essere disgustata dalle cose da cui gli umani sarebbero disgustati – voglio sentirmi schifata dai pavimenti sporchi e dalla mancanza di ordine qui dentro, e dai vestiti ovunque, e dai colori sparsi che colano per terra e il ripiano del tavolo, e dalla polvere accumulata da chiunque abbia affittato lo studio prima di me e che non mi sono presa la briga di ripulire al mio arrivo, e la scatola di sangue, e l'asciugamano di Ben, e la sporcizia lasciata dall'anatra. Voglio essere disgustata da me stessa – dal mio corpo che non lavo da giorni, dalla mia faccia che non sciacquo da prima della notte al Posto, quando Maiale l'ha leccata, e dalle mie unghie che conservano ancora la colla delle etichette che ho dovuto ripulire dalle bottiglie di vino alla Lontra e un po' di sporcizia. C'è ancora nei miei capelli la sabbia che proveniva dal corpo dell'anatra quando l'ho morsa, e probabilmente anche del sangue.

Trovo alcuni prodotti per la pulizia sotto il lavandino: ci sono un asciugamano, panni in microfibra, spugne, detergente per superfici, detergente per il bagno, candeggina, paglietta, secchio, paletta e spazzola. Uso tutto, sfregando i pavimenti con spugna e candeggina, dopo aver raccolto tutta la mia roba sul tavolo; strofino la macchia nel lavandino, ripasso lo specchio, le pareti, poi il ripiano del tavolo dopo che ho sistemato tutto: il mio letto nell'angolo sembra abbastanza comodo e accogliente, sebbene i miei vestiti siano anche le mie lenzuola. Prendo la scatola del sangue di maiale essiccato e il vecchio asciugamano di Ben, e li spingo il più a fondo possibile in uno dei grandi bidoni del magazzino della fabbrica. Voglio smettere di pensarci. Non voglio pensare mai più a bere sangue. Mi imbatto in alcuni chiodi e ne ficco qualcuno nel muro a colpi di martello per appenderci i vestiti. Trovo e lavo anche un vecchio piatto di ceramica, che sembra una ciotola per animali domestici, e ha una grande scritta sul lato che recita AMOS, e ci metto dentro i miei colori, e poi faccio lo stesso con una tazza per i pennelli e le penne. Appoggio tutto sul tavolo. E poi prendo l'asciugamano e salgo le scale – fino al settimo piano, barcollando, aggrappandomi alla ringhiera – e trovo le docce.

C'è molto silenzio nella ex fabbrica, il che mi fa pensare che sia piuttosto tardi, forse sabato, o domenica, non lo so, non ho controllato. Le docce non hanno porte, solo tende. Entro in uno dei cubicoli, apro l'acqua e uso una saponetta che trovo lì per lavarmi. Lavo anche Yaga, che tengo ancora in mano. Con cautela, le insapono i capelli. La strofino delicatamente anche sul viso, e poi sul vestito. Ci asciugo entrambe meglio che posso con l'asciugamano.

A un certo punto, mentre asciugo, cado in ginocchio e la mia pelle si taglia, e un po' di sangue cola fuori e si mescola alle gocce d'acqua della doccia ancora su di me e sulle piastrelle del pavimento. Per un momento, mi chiedo se posso svenire. *È un buon segno*, penso, con la testa che pende in avanti sul petto, troppo pesante per essere sollevata; segno che il demone sta lottando, forse. Cerco di godermela. La piccola faccia di Yaga mi guarda dal pavimento, i capelli vicini a un rivolo di sangue. Poi, alla fine, la sensazione passa e mi alzo di nuovo, indosso una camicia pulita e i pantaloni che ho comprato l'altro giorno, e torno di sotto.

Al tavolo nello studio, prendo il dipinto che ho realizzato e guardo la strana faccia demoniaca accartocciata al centro. Oltre il nero emergono macchie di blu, come se dietro ci fosse del sangue affamato di ossigeno. Appendo Yaga su uno stendibiancheria che creo usando due chiodi nel muro e un elastico che trovo nell'armadio. La fisso con cura, a testa in giù, in modo che le pieghe del vestito vengano distese. Le chiedo scusa e mi siedo di nuovo con il quadro.

Non guardo Yaga mentre dipingo sulla forma oscura e minacciosa di cui ero soddisfatta non molto tempo fa. Comincio dalle mani, che avevo ritratto come mani umane – belle e affusolate, e di un marrone dorato – e allungo la pelle verso l'alto, formando due braccia umane. Le do un corpo umano e le metto addosso un semplice vestito scuro che non è sfilacciato come quello della vera Yaga. Poi lavoro sul viso e sugli occhi, sostituendo i punti rossi che aveva in precedenza con due iridi castane come le mie, e il suo viso ombroso con qualcosa di più definito. Di tanto in tanto mi alzo, per controllare i miei lineamenti allo specchio e confrontarli con ciò che sto dipingendo, appoggiandomi al muro, ansimando, tremando sulle gambe, annusando la minuscola, microscopica quantità di residuo dell'anatra ancora rimasta nel lavandino e cercando di ignorarla, di non farmi venire l'acquolina. Alla fine, quando ho terminato di dipingere l'intera figura originale di Yaga, uso il nero, che avevo scelto per dar vita al suo corpo spigoloso qualche giorno fa, per creare lo sfondo. La nuova forma vi risplende contro, sembrando illuminata da candele o dalla luce del sole.

Sfoglio il libro di Amrita Sher-Gil per trovare un dipinto che sostituisca l'immagine di *Tre ragazze* che ho appoggiato al muro, ma sono abbastanza sicura che i soggetti di Sher-Gil fossero vampiri e che forse lo fosse anche lei, quindi mi concentro invece sul libro di Joseph Beuys che ho comprato sotto il ponte di Waterloo e strappo le fotografie della sua famosa performance *Mi piace l'America e io piaccio all'America*. Per realizzarla, Beuys ha trascorso tre giorni in una stanza da solo con un coyote selvatico, con soltanto i suoi vestiti e un cappello, una coperta di feltro, un bastone da passeggio e dei guanti. In una delle foto, Beuys indossa la coperta sopra la testa e il coyote la lacera a denti scoperti. È il primo giorno. Questa è la fotografia più famosa della performance, anche se è il risultato più atteso. Nell'altra foto che affiggo al muro accanto alla prima, Beuys è sdraiato su un fianco, rilassato, e guarda fuori dalla finestra della stanza, accanto al coyote che – calmo, placido, addomesticato – potrebbe facilmente essere scambiato per il suo cane da compagnia. Queste due immagini sembrano perfette sulla mia parete come ispirazione. Accanto a loro, metto il nuovo ritratto di Baba Yaga.

Do un'occhiata al telefono. C'è un altro messaggio di Maria. "Ehi, spero tutto bene. Fammi sapere. Bacioni." Controllo Messenger, WhatsApp e Instagram. Niente da Ben. Mi chiedo cosa stia facendo adesso. Guardo l'ora. L'una del mattino di lunedì. Un intero weekend è passato. Mi domando che cosa abbia fatto, se lui e Anju hanno discusso quando è tornato così tardi dopo che avevamo passato la notte insieme, se ha detto ad Anju quello che è successo o no; forse, durante il weekend, è andato a trovare sua madre. Cerco di immaginarmelo. Non sono mai stata in una casa di riposo, per cui non so come siano. Nella mia mente vedo stanze singole con muri rosa chiaro, magari qualcosa di simile ai reparti in cui vengono portati i bambini poco dopo la nascita, in quelle piccole culle di plastica trasparente. Ho trascorso i miei ultimi momenti da essere umano completo in uno di quei reparti, penzolando dal braccio di mia madre e bevendo, con uno di quei cappellini con un nodo in cima in testa. Agli esseri umani, lo so, piace vedere un cerchio che si chiude nella transizione dal concepimento alla nascita, dalla vita alla morte, quindi forse enfatizzano queste idee nel modo in cui sono decorati gli ospizi, cosicché i pazienti possano sentire che la loro fine non è solo una fine ma anche un nuovo inizio. Io considero la mia vita come una linea, non un cerchio: la mia opera d'arte preferita di un artista Fluxus è il comando di La Monte Young, "Disegna una linea retta e seguila", non per l'atteggiamento nichilista nei confronti dell'esistenza e del lavoro che incarna, ma perché rappresenta in una semplice forma, o mancanza di forma, la differenza tra la mia vita e quelle puramente umane. La mia tende verso un punto lontano nel lontano futuro. Una vita umana mira a tornare a qualcosa, o meglio al nulla, a rifarsi polvere.

Comincio a comporre un messaggio per Ben. Scrivo "Ehi, quando" e poi cancello quando e lo sostituisco con "Penso che dovremmo" e lo cancello e scrivo "Magari potremmo parlare, presto". Aggiungo: "Penso che tu mi piaccia" e, dopo una pausa, anche "Baci". Leggo quello che ho scritto e dopo cancello tutto. Immagino uno scenario in cui, in questo momento, Ben sta dormendo nel letto che condivide con Anju, e Anju è sveglia. Forse si è alzata per prendere un sorso d'acqua, o per andare in bagno o, non so, magari non riesce a dormire. E poi il telefono di Ben si illumina sul comodino, e lei non intende guardarlo ma lo fa e c'è il mio messaggio, appena apparso sulla schermata di blocco, che dichiara il mio amore – o, be', non proprio il mio amore ma qualunque cosa sia, qualcosa che è più del normale piacersi e un po' meno dell'amore. L'inizio dell'amore, forse, ma neanche quello. La sensazione che deriva dall'essere quasi portato in vita da una persona, dall'averne assaggiato il sangue – dal sentirvi l'inizio della sua vita, le costole che si stringono al ritmo delle contrazioni, la sensazione di essere costretti a respirare aria per la prima volta, quella della calda pelle rosa pallido della madre di Ben, che significava così tanto e lo faceva sentire così al sicuro quando vi si posava sopra – e tuttavia non prosciugarla, di salvare la vita di quella persona da se stessi.

Appoggio il telefono sul tavolo e guardo Baba Yaga appesa al muro a testa in giù. Non la vedo, però. Nella mia testa, invece, vedo Ben. E mi sorprendo a rivivere un momento che, mentre accadeva, mi era sembrato piuttosto piccolo e insignificante. Al Vauxhall Bridge, la sua mano si solleva, lui controlla il traffico in tutte e due le direzioni per entrambi, dicendo «Okay» quando possiamo infine attraversare, e poi sempre la sua mano mi prende il braccio, con dolcezza, tenerezza. Mi chiedo se, nell'ipotesi che Anju non esistesse, Ben vorrebbe stare con me. Mi chiedo se, qualora Anju se ne andasse, lui suggerirebbe di provare a frequentarci. Tutto tra noi era bello prima che lui si ricordasse della sua esistenza.

Mi chiedo come potrei inserirmi nelle vite di Ben e Anju. Come potrei far funzionare le cose se riuscissi a diventare umana o a trovare un modo per vivere soprattutto come umana. Mi chiedo dove potrei esistere nel loro mondo, se ci sarebbe spazio per me nella loro relazione. So che potrei essere sostenuta da loro. So che Ben potrebbe farmi sentire viva; e, grazie ad Anju, avrei qualcuno che mi tenga compagnia come artista. Potremmo condividere uno studio e dipingere insieme, e supportarci a vicenda, proprio come immagino abbia fatto Rossetti per Morris e viceversa. Condividevano le loro muse e anche le loro mogli, anche se non so come si sentissero queste ultime al riguardo, o chi sapesse cosa, o come funzionasse. Forse, alla fine, Ben e Anju mi accetterebbero davvero per quello che sono e mi porterebbero a casa degli animali di cui nutrirmi. Oppure, magari, potrei mordere Anju, cosicché lei fosse fuori dai giochi e rimanessimo solo io e Ben; e se lo facessi, potrei rivivere la sua vita, la relazione tra lei e Ben, il cibo che ha mangiato, magari i viaggi in Giappone, il cibo giapponese. O forse potrei trasformare Ben. È un'alternativa, suppongo: se non riuscissi a diventare umana, potrei portare nella mia realtà le persone che voglio al mio fianco. Potrei fare in modo che quelle persone non possano più essere umane ma svincolate dalla vita, insieme a me.

«Uggghhh» esclamo, poi chiudo gli occhi e lascio cadere la testa sul tavolo. La stanza gira; o forse non è la stanza a girare, ma il nero dentro i miei occhi a ribollire. Mi fanno male le gambe, mi fanno male le braccia, mi fa male il collo, mi fa male la fronte; tutte le mie vene, vuote e affamate, si stringono.

Mi alzo. Non sono davvero consapevole di farlo. Vado alla porta. Esco dal mio studio, i capelli ancora bagnati, l'asciugamano sulle spalle, e salgo le scale. Riesco a percepire con così tanta forza le poche persone che sono nell'edificio. Non riesco a sentire le loro pulsazioni, ma il suono vivo del sangue che scorre nelle loro vene come in piccoli fiumi. Sento l'odore dei loro cervelli – uno strano tipo di dolcezza da torta, combinato con il sapore di ferro tipico dei cervelli. Riesco ad avvertire i fiumi di sangue che viaggiano fino a quei cervelli, riempiendo le vene intorno ai polmoni, pompando nelle dita delle mani e dei piedi. Vado alla deriva, come se non avessi affatto il controllo del mio corpo. La mia mente è ossessionata dal bisogno di mangiare.

Il Posto è immerso nell'oscurità. È un buio confortante: le finestre con le persiane chiuse sono grandi quadrati neri lungo il muro; le lampadine che pendono dal soffitto sono solo sfere fioche e ombrose. Tutto è piatto e calmo. Ma accendo le luci: non voglio sentirmi a casa in spazi bui e squallidi. Le lucine e la luce principale si accendono.

È molto silenzioso. Non c'è nessuno su questo piano. Apro il frigo e dall'interno arriva un bagliore nuovo, più intenso. Perlustro gli scaffali, chiedendomi se ci sia del cibo umano che posso provare a mangiare. In passato sono riuscita a digerire con successo l'avena e il pepe nel sanguinaccio, anche se solo in piccole quantità, quando non sputavo tutto. Potrebbe esserci qualcosa di delicato di cui posso mangiarne un po' per cercare di riportare il mio stomaco alla vera vita, fargli elaborare il cibo in modo umano, fargli soddisfare l'intensa fame che ho, l'assillo per il nutrimento che sento provenire dalla mia metà demone. Il libro che avevo trovato su Baba Yaga online diceva che talvolta era nota perché beveva non solo sangue ma anche latte.

C'è del formaggio sullo scaffale in alto: un grosso blocco di cheddar, della mozzarella vegana con il nome di Shakti scritto sulla busta, feta ricoperta di scaglie di sommacco rosa acceso con il nome di Maria sulla confezione, e una scatola rotonda di formaggini a spicchi che presumo siano probabilmente di Ben. Ci sono anche alcuni contenitori per il pranzo in fondo al frigorifero, con il nome di Ben scarabocchiato sui coperchi a pennarello. Li prendo e do un'occhiata dentro; in ognuno cresce la muffa. Negli scomparti dello sportello del frigo ci sono alcuni cartoni e bottiglie: succo d'arancia, vodka e, proprio nel mezzo, un piccolo cartone di latte. Controllo prima la scadenza sul coperchio; è tra poco più di una settimana. Lo tiro fuori e mi procuro una tazza. Poi mi siedo con il latte al lungo tavolo, osservandolo per un po'.

Il mio lato umano non vuole mangiare. In realtà non ha mai mangiato, mai nella sua vita. Alla nascita, avevo l'emolisi, il che significa che i miei globuli rossi non erano capaci di sopravvivere quanto avrebbero dovuto. Mi sono successe alcune cose: ho smesso di respirare per brevi periodi, la mia pelle è diventata di un colore grigio-marrone pastoso e il mio battito cardiaco si è fatto estremamente veloce. Non accettavo nemmeno il latte. Sono stata portata in un reparto speciale dove venivo monitorata, ma non sono migliorata finché mia madre non mi ha trasformata, e quindi il mio primo pasto fuori dall'utero è stato quello di un demone. Ora, non credo che il mio lato umano sappia davvero cosa fare con il cibo o come sentirsi al riguardo.

Tiro fuori il telefono dalla tasca. Vado su uno dei miei profili Instagram preferiti, the.korean.vegan, e guardo il suo ultimo video, in cui lei prepara gli gnocchi di riso ricoperti da un topping alla pesca. La vegana coreana, Joanne, cucina mentre parla di vari aspetti della sua vita. Mentre apre una pesca, spiega perché ha rinunciato alla carne. Mentre aggiunge succo di limone, zucchero di canna, noce moscata, un pizzico di sale, cannella, estratto di mandorla, sciroppo d'acero, poi burro e latte vegani e farina di mandorle e riso setacciate, parla di quanto si preoccupi di rendere troppo "bianca" la sua dieta, di negarsi una parte fondamentale della sua cultura, e poi di come gli altri non la considerino autenticamente coreana poiché è vegana. Guardo altri video di Joanne, facendomi guidare dalla sua voce nel sentirmi umana io stessa e nel desiderare ardentemente le esperienze d'amore di cui parla e il cibo che cucina mentre lo prepara.

Vado su un altro profilo e osservo le mani di una persona che maneggiano con delicatezza dei noodles di *shirataki* e li lavano in acqua fredda prima di aggiungerli a una zuppa di *oden* dai toni chiari già arricchita da uova sode, *daikon* e candidi triangoli di *hanpen*. Successivamente, infilano un cubetto di torta di riso in un piccolo sacchetto di tofu fritto e lo sigillano con uno stuzzicadenti in modo che sembri una minuscola borsetta con coulisse; aggiungono il sacchetto agli altri ingredienti – "Ogni inverno mia mamma preparava questo piatto per me" dice una voce, accompagnando il video, "proprio come ogni inverno mia nonna lo preparava per mia madre quando era bambina". La persona nel video è per metà giapponese come me e si chiama Mei; compare sullo schermo con le guance rosate, le bacchette in mano, si siede con il suo piatto e lo mangia, di fronte alla telecamera.

Il cibo significa così tanto, in Giappone. I semi di soia, gettati fuori dai templi a febbraio per tentare i demoni prima che arrivi la primavera, portano prosperità e fortuna a chi li mangia; gli involtini di sushi, gustati mentre si è rivolti verso una direzione specifica che viene decisa ogni anno, portano anch'essi fortuna e prosperità a chi se ne nutre. I noodles di *soba* consumati a Capodanno aiutano lo scorrere del tempo, collegando un anno all'altro: quando i noodles si spezzano, colui che li mangia può superare gli eventi negativi dell'anno appena trascorso. Anche in Cina i lunghi noodles mangiati a Capodanno garantiscono lunga vita. In Corea, quando a Capodanno si mangia la *rice-cake soup*, tutti i coreani invecchiano di un anno, tutti insieme, all'unisono. Queste tradizioni sembrano cruciali per l'identità dell'Asia orientale, indipendentemente dal Paese di provenienza. Ma purtroppo mi sono negate a causa della mia condizione: longevità e continuità e una pausa dai brutti ricordi data dai noodles, e la fortuna e la prosperità dei rotoli di sushi e dei semi di soia. Mia madre mi ha raccontato che, quando mio padre era vivo, mangiava di rado cibo inglese anche quando era in Inghilterra, perché – diceva – il cibo inglese veniva spesso consumato solo come sostentamento, e niente di più. A Capodanno cucinava *soba* per sé soltanto e mia madre guardava.

Nei momenti della mia vita in cui ho davvero provato risentimento verso mia madre e ho desiderato che mio padre fosse vivo, sono andata al supermercato asiatico a Canterbury, ho comprato tutti i cibi che pensavo gli sarebbero piaciuti, ho cucinato secondo le istruzioni, ho infilato un uovo crudo nel pasto, vi ho tagliato sopra un po' di *nori* e l'ho annusato pensando che, in quell'odore, persistesse magari una qualche essenza di mio padre, e che forse l'avrei incontrato da qualche parte. Ora, associo il cibo in generale a lui – masticare, assaporare consistenze; pane, formaggi, noodles, pasta, verdure, erbe aromatiche, tutto – e il sangue a mia madre. So che potrei trovare del cibo se risalissi più indietro nella storia familiare di mia madre, e di lei stessa, ma faccio fatica a comprenderlo. Non riesco a immaginarla mentre si nutre.

Vorrei poter sentire il legame con la terra e con le altre persone che il cibo fa provare agli umani; trovare un partner e sposarsi e vivere una vita semplice, con bambini e animali domestici, coltivando cipolle in giardino, spazzandone via i bruchi, strappandole dalla terra, tagliandole per aggiungerle allo *stir fry*. Guardo un altro dei post di Mei. Prepara un caffè freddo, con pezzetti di gelatina *kanten* al gusto di caffè nero sul fondo, mentre parla dell'arrivo di sua nonna in America poco prima della Seconda guerra mondiale, e della minuscola lavanderia Asahi che ha aperto al suo arrivo. Il latte crea bellissime forme nel caffè, scendendo lentamente come fili di fumo, fermandosi solo sulla gelatina. Qualcosa di così bello non può che essere facile da consumare, penso – così spengo il telefono e verso un po' di latte nella tazza. Chiudo gli occhi, ignorando le suppliche del demone nella mia testa, e porto la tazza alle labbra, immaginando che il liquido sia sangue, e poi lo bevo tutto, tutto, tutto in un sorso.

Ha il sapore che immaginavo: la secrezione di un animale che non è umano e che vive in un campo e non fa il bagno, non usa il gabinetto, non si lava i denti o cose del genere. Tengo giù il latte, ma vorrei subito poter tornare indietro nel tempo, a prima di averlo bevuto. Suppongo sia anche perché non mangio da un po', e quello che ho mangiato era molto poco: l'estremità tozza di una salsiccia di sanguinaccio, resti di sangue diluito da un asciugamano, un boccone di sangue in polvere e un'anatra piena di sangue, l'equivalente forse di uno spuntino in termini umani: le mie vene si sono aperte con entusiasmo e hanno accettato il latte al loro interno, supponendo che il loro ospite non avrebbe consumato nient'altro che ciò di cui avevano bisogno. Mi guardo un braccio mentre, gradualmente, le mie vene assumono uno scioccante colore bianco. Oh Dio, penso. Questo è stato con ogni probabilità un errore.

Osservo le vene dell'altro braccio cambiare colore, e poi entrambe le braccia irrigidirsi e contrarsi; dopodiché lo stesso processo inizia a verificarsi ovunque, finché non avverto una strana sensazione di pressione nel petto, e cado dalla sedia. Rimango sul pavimento per quella che sembra un'eternità; il dolore all'inizio è costante, poi si accumula a ondate. Mi muovo con lentezza finché non trovo una posizione più comoda, la parte superiore della testa sul pavimento, il corpo raggomitolato, le braccia stese, rigide ai lati del corpo. Mi dondolo piano avanti e indietro, avanti e indietro, e poi, come se mi stessi allontanando sempre di più dal mondo, la mia visuale si restringe, fino a quando non diventa solo un puntino al centro, e poi più niente.

Non ho mai saputo cosa potesse uccidere un vampiro. Mia madre si è rifiutata di insegnarmelo; a volte, mi sono chiesta se lei stessa lo sapesse. Quando ero un'adolescente, ho testato tutte le varie cose che si dice uccidano o feriscano i vampiri in miti, libri, film e programmi tv. In modo piuttosto melodrammatico, una volta sono entrata in una chiesa vicino alla mia scuola superiore durante la quinta ora, quando avrei dovuto essere a educazione fisica; ho camminato lungo la navata tra i banchi e, una volta sicura che non ci fosse nessuno che potesse vedermi, ho premuto il mio corpo contro il crocifisso d'oro, accanto al fonte battesimale, con le braccia appoggiate ai bracci della croce e il busto sulla parte centrale. Non so cosa mi avesse reso così infelice quel giorno – qualcosa di piuttosto stupido, credo – ma ho detto ad alta voce: «Sono pronta per te, morte!» e ho aspettato che il mio corpo iniziasse a bruciare e a dissolversi in vapore o fumo, o qualunque cosa esca dai vampiri quando le croci vengono premute contro i loro volti in *Buffy*; ma non è mai successo, e io mi sono limitata a uscire dalla chiesa, sentendomi stupida. Un'altra volta, sono andata in giardino durante un'ondata di caldo, mi sono tolta tutti i vestiti tranne le mutandine, mi sono sdraiata a braccia aperte sull'erba e sono rimasta lì per ore, in attesa di prendere fuoco; ma mi sono beccata soltanto un'estesa scottatura, che si è gonfiata in vesciche e mi ha lasciato un paio di cicatrici che ho ancora. Ho già provato a lanciarmi su un paletto, ma è abbastanza difficile, e mia madre mi ha guardato scuotendo la testa, senza sembrare troppo preoccupata, quindi immagino che neanche questo funzionerebbe, e ho anche buttato giù un'intera fiala di acqua santa che ho comprato online; anche se forse in realtà non era vera ed era solo acqua, non lo so. Non ho mai imparato in che modo porre fine alla mia vita. Ma forse, adesso, imparerò senza farlo apposta che la risposta è il latte. Magari domani uno degli altri artisti verrà qui e troverà soltanto un mucchio di cenere laddove, per tutta la notte, io sarò rimasta in questa posizione scomoda, morendo lentamente.

A poco a poco, le contrazioni intorno al mio corpo si calmano; divento immobile; il movimento diviene qualcosa di molto lontano dalla mia esistenza; ogni cosa è completamente silenziosa.

In questo scenario, nell'oscurità della mia mente, appaiono due strane sagome simili ad anguille. Una è di un blu verdastro; l'altra è rossa. Nessuna delle due ha una faccia, ma ho la sensazione che siano entrambe animali e che siano entrambe vive. Nel buio, nuotano l'una verso l'altra e si intrecciano intorno a un filo centrale. Poi, come se ci fosse qualcosa che vive anche dentro ognuna delle anguille, piccoli viticci escono dai lati del loro corpo e si uniscono nel mezzo. Attraverso i viticci, il colore di ciascuna di quelle sagome simili ad anguille fuoriesce e penetra nell'altra, finché, alla fine, divengono dello stesso colore torbido: una specie di marrone violaceo, con macchie di verde. Quel colore si scurisce gradualmente; è come se le luci si spegnessero nella mia mente. Trattengo il respiro, o smetto di respirare – non so dire quale delle due – e le anguille si separano, rivelando una scena nel mezzo.

È Crimson Orchard. Lo riconosco dalla forma dell'edificio. Ma tutto intorno sembra diverso. Il cielo è di un insolito colore arancione-marrone e un enorme disco opaco è sospeso tra le nuvole. Ci sono strane forme qua e là che sembrano essere state case, un tempo, ma ora sono solo resti carbonizzati, piccoli fuochi che lambiscono ogni pezzo di legno incombusto e di isolante termico. Il terreno sotto i miei piedi scricchiola e, quando guardo in basso, mi accorgo che sto camminando su delle ossa. È la fine del mondo. Qualcosa nella mia testa mi dice che ormai si tratta soltanto di giorni o settimane. Il sole sta venendo a reclamarci.

Entro nell'edificio e non c'è più nessuno, solo mia madre, seduta davanti allo specchio; le luci sono spente, il frigo tace. C'è polvere ovunque, su tutte le sue cose: il ritratto della mucca sul muro, il ripiano del comò, il paralume sgualcito, il letto – come se non avesse dormito per anni, forse decenni. La stanza è buia, ma mia madre pare risplendere. Indossa abiti con cui non l'ho mai vista: un vestito batik ampio fittamente decorato con fiori e foglie. I colori sono brillanti – rossi vibranti, viola e arancioni e un azzurro carico – e si riflettono sul suo viso e la fanno sembrare completamente e assolutamente viva.

«Mamma» dico. La mia voce è strana. Avverto un'eco.

«Lydia» mi chiama mia madre. «Sei arrivata.»

«Certo.»

«Prendimi» supplica. «Per favore, portami con te. Per favore.»

Mi siedo sul materasso e una parte si sgretola, come se la polvere non si fosse depositata solo sulla sua superficie ma piuttosto l'intero letto fosse fatto di polvere. Enormi fiocchi grigi che si staccano dalle coperte e si levano nell'aria. La stanza scricchiola, come se il mondo esterno si stesse muovendo.

«Mamma, non posso portarti con me.»

«Perché no?»

«Perché mi fai sentire come se non fossi degna della

vita» mi sento spiegare. «Ti comporti come se fossi morta e avessi smesso di vivere quando sei stata trasformata. Come posso vivere la mia, di vita, con quest'ombra che incombe su di me?»

«È stato allora che sono morta. Sai che siamo morte. Entrambe. Siamo morte» ribadisce mia madre, anche se ha le guance rosee. «Il sole è venuto per noi, Lydia.» Si guarda allo specchio. «Lasciami venire con te.»

Mi prendo la testa tra le mani. La mia energia si sta esaurendo. Vicino alla sedia di mia madre, il pavimento si spacca come se fosse eccezionalmente secco, come se la terra fosse invecchiata così tanto da formare crepe che minacciano di inghiottire tutto. «Non siamo morte. Non siamo cattive» protesto, senza alzare lo sguardo. «Questo è soltanto quello che pensano gli umani: che moriamo quando veniamo trasformati, e passiamo dall'essere divini e vivi all'essere morti e animati dal diavolo. Ma mamma, non è questo che siamo.»

Sollevo la testa dalle mani e se ne staccano dei pezzi che salgono poi verso l'alto, come per il letto. Sopra di noi, il soffitto si sta sfaldando. I raggi del sole vi si insinuano attraverso.

«Sai, le aragoste diventano sempre più grandi senza invecchiare e, se non ci fossero altre minacce esterne, vivrebbero per sempre. Anche le spugne di mare, *mama.*» La chiamo come facevo da bambina. «Rimangono belle e luminose e vivono per migliaia di anni. Questo è ciò che siamo.» La luce del sole nella stanza si intensifica.

«Spugne di mare» ripete mia madre, e guardo le sue labbra sgretolarsi mentre parla, piccole forme rosa come petali che lasciano il suo viso e si alzano e si trasformano in cenere.

«I ricordi fanno la vita» dico, ma adesso la mia voce esce come un gracidio, le parole appena comprensibili. «Pensa a tutto quello che hai visto. Sei antica come un albero...» Un forte scricchiolio viene da dentro le pareti. «Antica come una montagna.» Poi la mia faccia diventa incandescente e la scena davanti a me scompare, insieme a mia madre.

Avverto una strana sensazione sul viso. È qualcosa di caldo e umido. Poi sento una voce: «Lyd! Cosa stai facendo?».

Inspiro e apro gli occhi. Sono Maria e Maiale. La faccia del cane è vicina. La sua lingua mi lambisce la bocca e le narici. Maria è in piedi dall'altra parte della stanza. Viene verso di me. Si accovaccia. Sembra preoccupata.

Devo essermi spostata rispetto alla posizione in cui mi ero sistemata quando le mie vene hanno iniziato a cambiare colore, perché ora sono su un fianco, le braccia distese goffamente davanti a me, la testa piegata verso il petto.

«Ciao» sento dire da un'altra voce. È una voce di donna, bella; non è stridula, ma nemmeno troppo grave.

«Ehi» risponde Maria, e mi rendo conto che l'altra voce, probabilmente, era la mia. «Stai bene?» chiede. «Ti senti male?» Maiale mi lecca il collo. Apro la bocca.

«Latte cattivo» replico, ora riconosco la mia voce.

«Latte cattivo?» ripete Maria.

Annuisco. La mia testa è molto pesante. La tengo sul pavimento. Maria alza lo sguardo verso il tavolo, poi prende il cartone del latte, che è quasi vuoto. «Questo?» chiede.

Annuisco di nuovo. Poi lei torna da me e mi appoggia una mano sul braccio. Tira fuori il telefono. Provo a dirle di allontanarsi, che sono pericolosa, che non so più cosa sono, che non sono umana, ma i miei occhi ricominciano a chiudersi. Il corpo di Maiale si accascia accanto al mio. È caldo. Lo sento respirare e le pieghe del suo muso sono contro il mio mento. Piagnucola, come immaginavo avrebbe fatto se avessi mangiato Maria. È piuttosto carino e ha un effetto calmante.

«Ehi, Maiale» chiamo. Lo stringo con un braccio e la mia mano trova il suo ventre e vi si posa sopra. «Grazie.»

Sento frammenti della telefonata di Maria. Penso di stare per riaddormentarmi.

«Dice che ha bevuto del latte cattivo» spiega lei. I miei occhi sono chiusi e mi sento calda e felice. «Sì, non lo so. Ha i capelli un po' umidi e c'è un asciugamano. Non lo so.» Nel buio, cerco di nuovo le due anguille simili a nastri. Voglio ritrovare qualunque cosa mi abbiano mostrato; rivoglio indietro il sogno di mia madre, e assicurarmi che stia bene, che sia sopravvissuta. Ma è davvero buio, un buio più scuro di quello in cui di solito riesco a vedere. Mi domando se sono tornata dentro l'opera di Mirosław Bałka al Tate, in quella scatola buia, le pareti di feltro che assorbono tutta la luce. Le mie mani brancolano in avanti. «Sì, ho un volo da prendere. Edimburgo, per vedere i miei genitori» continua Maria, adesso da qualche parte in lontananza – lontana, irrilevante. «Puoi salire?» Sento le dita della mamma nel buio che si intrecciano con le mie. È successo davvero?, mi chiedo. Ci siamo tenute per mano in *How It Is* di Bałka? È un ricordo del passato o è una continuazione del mio sogno? È dopo che il sole è tramontato, ed è rimasta solo l'oscurità? Si sentono dei passi, e poi una nuova voce.

«Ehi, Maria.»

«Ehi.»

«Lyd?»

Lentamente, le sue dita scivolano via. «Mamma, non ti posso vedere con questa luce» dico mentre le nostre mani si lasciano andare, e io non riesco più a sentire mia madre.

«Nemmeno io ti vedo» risponde lei.

«Lyd?»

Sento il calore abbandonare il mio petto. Maiale si è allontanato o è stato portato via e non è più al mio fianco.

«Ben?»

«Lyd, svegliati.»

Apro di nuovo gli occhi. Due rosee facce gentili.

Maria e Ben.

Sono su una delle poltrone a sacco, quella più grande. Il mio corpo ci sprofonda dentro. Ben è in piedi accanto al bancone dall'altro lato del Posto, e mi dà le spalle. Il bollitore è acceso e lui tiene in mano un formaggino a spicchio. L'involucro è stato staccato per metà e lo sta mangiando come una banana. Accanto a lui c'è un mucchietto di involucri d'argento. Dall'altro lato, sul bancone, ha lasciato una tazza con dentro un cucchiaio, dietro la quale svetta un barattolo aperto di Ovomaltina. Mi ritrovo con la mia mano appoggiata sul viso. Sento che c'è una linea di bava secca che mi scende lungo il mento dall'angolo della bocca. Quando faccio per staccarne le scaglie con le dita, vedo che sono di un bianco lattiginoso.

Mi sento stranamente *animale*. Calma, ma come se volessi correre per molto tempo e molto lontano, e non solo usando le mie gambe, ma a quattro zampe. È come se il demone in me volesse sfuggire al mio corpo umano, adesso che ho bevuto il latte. Ma non posso muovermi. Il mio corpo è pesante, in modo straordinario. Non riesco ad alzare la testa. Sembra che sia fatta di un legno denso e massiccio. Mentre inspiro di nuovo, sento l'odore di Ben. Del suo bagnoschiuma e del suo sudore; percepisco un po' di sporcizia, forse sulle sue scarpe, e poi la sua saliva, e la sua pelle, e un accenno del suo sangue; i miei sensi, suppongo, sono stati un po' offuscati dal latte. Sono vicina a lui, ma non riesco a sentire l'odore del suo cervello, né il flusso di sangue nelle sue vene. «Oh, ehi, sei sveglia» dice. Arriva con la scatola di formaggini. «Ne vuoi uno?» chiede. Scuoto piano la testa – che è l'unico movimento che riesco a fare. Guardo la sua bocca muoversi: le sue mascelle che si aprono e si chiudono e si aprono e si chiudono mentre mastica. «Dio, sì, immagino che probabilmente non ti vada del formaggio proprio adesso, vero? Ti senti meglio?»

Apro la bocca. Si apre come se le mie labbra fossero state sigillate con qualcosa. Il viso di Ben sembra così morbido e radioso, simile a una pesca. Si mette in bocca dell'altro formaggio e io provo un'invidia intensa. Le vene del braccio e della fronte mantengono i loro bei colori rosso e blu. «Faccio proprio schifo» sussurro.

«No, no» protesta Ben attraverso un boccone di formaggio. «No, non è vero. Non preoccuparti. Stai solo male.» Deglutisce. «Non mi importa» aggiunge. Poi rimane pensieroso per un momento. «Allora, cos'è successo?»

«Ho bevuto del latte andato a male.» La mia voce suona debole. Non riesco a tirarla fuori come dovrei.

«Oh, okay» replica Ben. Poi fa una pausa. Stringe le labbra come se stesse lottando per dire qualcosa. «Sì, è solo che ho annusato il latte e sembrava a posto. Ci stavamo chiedendo se magari fossi fatta o qualcosa del genere?» Ben si guarda le mani. «Cioè, stavi parlando di tua madre e roba così. Voglio dire, non stavi parlando di lei, ma in un certo senso la stavi chiamando.» Si schiarisce la voce. Sembra imbarazzato. «Capirei se ti sentissi... Non lo so... e tu... sai... tu sei... Voglio dire, tu... Lei ti manca?»

Abbasso lo sguardo sulle vene delle mie braccia. Alcune sono di una specie di colore rosa; altre di un blu-verde chiaro. Mi vengono in mente le due anguille della visione di poco fa e la scena che hanno svelato quando si sono separate. Cerco di riflettere sulla domanda di Ben, ma trovo difficile pensare a mia madre. Mia madre, dalla quale ho provato tanto a separarmi, lei che sentivo come un peso morto che sono costretta a tenere appeso al collo per tutta la vita come una maledizione, e che mi tira giù, impedendomi di vivere appieno. Quando ho mentito a Ben e gli ho raccontato che mia madre era morta, non mi sono sentita troppo in colpa perché lei si considera morta in ogni caso, e perché forse lo credevo anche io, allora. Ma nel mio sogno, sotto la minaccia della vera morte, mi è sembrata più viva che mai – più viva di tutti gli umani del mondo, che in quella realtà erano stati ridotti a ossa e cenere. Ben ha un'espressione addolorata e comprensiva sul viso.

«Va bene se non vuoi parlarne» dice. Chiude la scatola di formaggini con il coperchio. Nel frattempo, ha finito tutti gli spicchi rimanenti.

«Immagino...» comincio a dire.

Immagino che mi manchi mia madre. Quando ero piccola, riuscivo a starle in grembo alla perfezione, i miei piedi raggiungevano giusto le sue ginocchia quando le mie gambe erano dritte, e la mia testa si incastrava benissimo nello spazio sotto il suo mento, la mia faccia nella posizione giusta affinché lei la baciasse quando mi giravo. Mi ha fatto detestare una parte imprescindibile di me stessa, ma non credo che mi abbia mai odiata. Mi ripeteva quanto amasse vedermi crescere. «Quando eri bambina» diceva, «rimanevo sveglia tutta la notte, ogni notte, per guardarti, per non perdermi nulla del tuo cambiamento.» Quando avevo circa nove anni, mi disse che desiderava far sì che la mia infanzia durasse per sempre, cosicché potesse vedermi crescere – diventare più alta, più forte, più donna, più assertiva e indipendente – per tutta la vita. Appena ho smesso di cambiare, appena ho smesso di *divenire* e mi sono ridotta a un qualcosa di stagnante che aveva ormai raggiunto il suo picco, mia madre si è allontanata. Sembrava che avesse smesso di interessarsi a me, di mostrarmi che mi amava, e in effetti mi faceva provare l'opposto, come se, ora che il mio corpo era diventato immutabile come il suo, non potessi più rappresentare nulla di buono per lei.

«Immagino che mi manchi mia madre» dico adesso. Ben si siede sul pouf accanto a me. La parte in cui mi trovo io si solleva mentre lui sprofonda. Il desiderio che sentivo prima, la voglia di cibo – il cibo di cui il mio corpo ha davvero bisogno, non cibo umano – torna in me quando il calore del corpo di Ben inizia a riscaldare la mia pelle. Ma ancora non riesco davvero a muovermi. Mi chiedo se il latte si sia rappreso e indurito nelle mie vene e abbia in qualche modo irrigidito il mio corpo. Mi sembra un po' di indossare una museruola; spero che le cose rimangano così, mentre Ben è accanto a me, caldo come se fosse appena uscito dal forno.

«Sì, questa è la parte che penso di temere sul serio; non tanto la morte in sé, ma la mancanza, dopo» commenta.

Annuisco con difficoltà.

«Posso fare qualcosa per aiutarti?» chiede. «Resto nel mio studio, stasera, quindi potremmo... Non so... magari potremmo guardare qualcosa insieme o... non lo so.»

«Pensavo che non ci fosse permesso di dormire nei nostri studi» borbotto, impastando leggermente le parole.

«Sì, lo so. Ma voglio dire... Penso che per qualche volta vada bene.»

«Qualche volta... come quando *tu* hai bisogno di restare qui?»

Sorride. «Oh, be', praticamente sì» risponde.

Si dimena in maniera da sdraiarsi accanto a me. Il suo

braccio sta toccando il mio. Il suo collo è a circa mezzo metro dalla mia bocca. Alla fine, dice: «Mi dispiace per tua madre».

«Va bene così» rispondo, sinceramente addolorata per qualunque parte di mia madre abbia perso.

Ben chiude gli occhi. Vorrei potergli raccontare la vita che ho immaginato per noi, prima. Le tre opzioni. Io, lui e Anju, con me che cerco di vivere come un'umana, anche se sento che questo potrebbe non essere più possibile ora, considerato l'effetto del latte sul mio corpo. Io – vampiro – e lui – umano – senza Anju, e con Ben che mi fa sentire viva, fornendomi qualunque fonte di vita mi abbia fornito l'altra notte, e che mi ha fatto battere il cuore come se fossi soprattutto umana. O io e lui, entrambi vampiri. Entrambi rimossi dall'esistenza normale, forse anche con sua madre, strappata dal suo letto di morte, con quel poco di tempo che le resta proteso nel futuro. Vorrei poter essere onesta con lui. Vorrei poter essere onesta con chiunque.

Ben apre gli occhi. Guarda il soffitto. Sta zitto per un po'. Poi riprende: «Allora, tra un paio di giorni tornerò a casa, solo per stare con la mia sorellina e il mio papà e, sai, passare un po' di tempo con la mamma».

«Oh, giusto» rispondo. «Anju viene con te?»

«No. Non voglio. C'è una galleria a Berlino che vuole rappresentarla e, non so... è in un momento importante della sua carriera. Non voglio portarla giù con me, sai?»

«Avete rotto?»

«No. Ma sì, siamo come in... fasi diverse della nostra vita, credo. Suppongo di essermi reso conto di recente che voglio meno di quello che vuole Anj. Voglio una famiglia e, cioè, un lavoro normale e stabile, e una casetta. Voglio trovare qualcuno, sistemarmi e invecchiare. Anj invece sta inseguendo questo enorme sogno.»

«Non è da meno» replico.

«Mmm?»

«Quello che vuoi tu.»

Ben mi guarda.

«Non è da meno a quello che vuole Anju.» Voglio confessargli che è ciò che voglio davvero anch'io, ma è qualcosa che non potrò mai avere e che, poiché è qualcosa che non avrò mai, posso comprenderne l'immenso valore. Posso vedere che ciò che Ben vuole è ancor più vita di ciò che Anju sta inseguendo, che è, immagino, una versione di ciò che ho io naturalmente – l'immortalità, in sostanza, ma attraverso l'arte.

«Non siamo destinati a volere quel genere di cose, però, no? In quanto artisti» riprende Ben. «Sento che la maggior parte delle persone probabilmente vedrebbe la mia arte come insincera se scoprisse che non ci sto mettendo dentro tutta la mia vita, che non sto barattando una vita con famiglia e bambini e un reddito stabile e tutto il resto per l'arte.»

«Forse quelle persone sono stupide, però» commento. Sto riprendendo un po' di mobilità nel corpo. Le dita. Le stringo a pugno e le riapro.

«Non lo so. Forse continuo a pensare che magari sono come un artista degenerato o qualcosa di simile, come se mi mancasse un pezzo di ciò che rende bravi gli artisti, la parte che permette loro di non pensare a tutte le cose normali della vita e che li fa concentrare sul non essere dimenticati dopo la morte» continua Ben.

«Mmm» mugugno. Muovo la lingua e mi lecco le labbra. A poco a poco, sollevo un po' la testa dal pouf e mi metto a sedere per metà. La stanza oscilla con me, ma presto torna stabile. Comincio a recuperare la vista. Riesco a scorgere così tante cose che Ben non potrebbe percepire con i suoi occhi umani. Posso vedere i granelli di polvere sui fili delle lucine; le macchie di luce che entrano dalle fessure tra le tende e gli infissi e che si confondono con la luce della stanza; sottili schegge di elettricità tremolanti in ciascuna delle lampadine come piccoli capelli blu. Ben è sotto di me, ora. Ha gli occhi aperti eppure vede così poco. Piego le ginocchia e le sento scricchiolare, come se il latte all'interno si stesse spaccando e sciogliendo.

«Penso che sia meglio non concentrarsi troppo sul poter essere dimenticato o meno dopo la morte» affermo, guardandolo.

«Mmm. Mi sembra cosa buona e giusta» replica Ben.

Stringo i denti. Non so dire cosa voglio. Non so dire cosa voglio fare, quale parte di me mi sta dicendo cosa – se è ancora fame o qualcos'altro, ciò che provo mentre osservo il corpo di Ben disteso sotto di me.

Mi allungo verso di lui – con facilità, adesso, come se la museruola fosse stata rimossa; con così tanta facilità che mi sento come se le braccia e le gambe potessero piegarsi all'indietro se lo volessi, come se potessi infilare la mano attraverso le cose senza sforzo, attraverso la pelle di Ben, le sue costole e i suoi muscoli per raggiungere il suo cuore. Gli appoggio la mano sullo stomaco, i miei occhi adesso sono spalancati, il mio respiro è normale, piacevole, lento e calmo. Faccio scorrere la mano sul corpo di Ben fino al suo braccio – in fretta, ma con delicatezza – e poi la lascio scivolare nella sua. È calda e appena umida. Per un momento, mi sento una meraviglia – meno fuori controllo, più umana – mentre esisto qui, sotto le luci, e sento la mia pelle riscaldarsi appena, e penso a noi due che non lasciamo mai più né il Posto né questo istante, ma lo trasformiamo in una casa, e prepariamo i pasti l'uno per l'altra e per i nostri amici.

Dopo circa un secondo, però, Ben ritrae la mano. Avverto l'aria che la sostituisce come se fosse un oggetto solido. «Lyd. Non possiamo comportarci così» afferma.

Cerco la tasca dei pantaloni. Un posticino oscuro in cui far strisciare la mia mano. Il cuore batte di nuovo più in fretta del solito, ma questa volta non mi sento bene. «Mi dispiace, Lyd. Sto con Anj. L'altra sera è stato un errore.»

Mi siedo, più in fretta di quanto mi aspettassi, quindi mi alzo di scatto, facendo sussultare Ben. E poi mi sento dire: «Non ti piaccio», e sono subito in imbarazzo per quanto suonano infantili le mie parole. Ma sento anche la verità di quello che dico: che io stessa sono un errore, e che sono un errore non a causa di qualcosa di bello nella relazione tra Ben e Anju, o perché – nonostante la mia esperienza della sua nascita e degli episodi della sua vita – Ben e io in realtà non ci conosciamo troppo bene e Anju ha anni e anni di vantaggio su di me, anni in cui è stata con Ben, si è presa cura di lui e l'ha amato, ma perché sono un demone. Sono un maiale. Dopo una vita passata a bere il sangue di quell'animale, ne ho assunto alcuni aspetti. Sono piena di morte. Mentre l'altra notte mi estendevo fino ai limiti estremi della vita con Ben, forse lui ha sentito in me l'opposto: un'onda oscura, minacciosa, insondabile, una foschia impenetrabile.

«Non è quello, Lyd. Mi piaci, ma dobbiamo essere solo amici» risponde. Annuisco, però il mio corpo sembra non essere più controllato da me, ma da qualcosa o qualcun altro, all'improvviso.

Ben si alza dal pouf. «Devo scendere a prendere il mio portatile o che cosa?» chiede. «Potremmo semplicemente restare qui e guardare un film, magari. Prendo anche un piumone e roba così.»

Scuoto la testa. Conficco le unghie nella carne dei miei palmi finché non sento del liquido scorrere dalle piccole ferite che mi sono procurata. Provo a parlare; cerco di dire di no, ma scopro che la mia voce non funziona. È andata. I minuscoli resti finali del sangue dell'anatra vengono ora diretti solo ai muscoli fondamentali. La mia laringe si è chiusa. Immagino tutte le luci che si spengono dentro la mia gola, i muscoli che si sgonfiano e si distendono sulle superfici piane più vicine. La mia lingua si appoggia contro i denti inferiori. *Dovresti mangiare*, dice una voce nella mia testa.

8

Ce la metto tutta per andarmene. Tutto ciò che è rimasto in me di umano. Mi alzo e mi sento molto più alta di Ben, anche se non lo sono, e indietreggio di un passo. Ben sta dicendo qualcosa, ma il mio udito è ovattato. Non riesco a capire se si tratti di un problema fisico – magari c'è troppo poco sangue nel mio sistema perché possa continuare a sentire – o psicologico. Forse il demone ha bloccato il discorso di Ben per farlo sembrare meno umano. Borbotta e grugnisce come un animale, con un'espressione confusa sul viso. A un certo punto, mi prende le mani e le tiene sollevate, gli occhi spalancati, guardando le piccole fessure a forma di luna che ho inciso nei miei palmi con le unghie e che perdono liquido bianco. Sembra allarmato e sta cercando di raggiungere il telefono, dicendo parole che non capisco e indicandomi di fare qualcosa, forse di andare con lui da qualche parte.

Si sta infilando le scarpe, lottando per non chinarsi a slegare i lacci.

Strappo via le mani e lui cerca di riprendersele, ma poi faccio qualcosa che non avevo mai mostrato a nessuno, prima, tranne che a me stessa, nello specchio a casa da adolescente, immaginando come potessi rispondere a un bullo a scuola. Apro la bocca e arriccio indietro le labbra, svelando i denti a Ben, e lui barcolla all'indietro come se fosse stato spinto; poi mi giro e me ne vado, incespicando verso la porta, ancora debole nonostante la sensazione di poter correre per chilometri e chilometri.

Ben non mi segue giù per le scale. Non sento alcun movimento dietro di me – niente, soltanto uno spazio vuoto che si estende. Sono completamente sola, penso tra me e me. Non potrò mai diventare un essere umano, non potrò mai invecchiare con un essere umano. Non potrò mai andare a letto con un essere umano e pensare che significhi qualcosa di più. Mi sento come se, per la prima volta nella mia vita, potessi percepire il tempo e capire bene il mio posto al suo interno. Posso avvertirlo come se fosse uno spazio che si allarga davanti a me e si estende in modo abnorme, folle, terribile. Sento il tempo che brancola davanti al mio corpo, le sue dita tese che si connettono alla fine del mondo, che si uniscono a strani fuochi colorati proprio al termine di ogni cosa. Tutti gli elementi bruciano, tutto viene carbonizzato, il sole è vicino in maniera insostenibile come nel mio sogno, la mia pelle brucia, il mio cuore batte ancora senza sosta. Nel periodo della mia crescita, cambiavo ogni anno. Adesso, non c'è alcun mutamento, nessun senso di erosione o alterazione, sono solo una cosa che non reagisce in alcun modo a ciò che la circonda. Eppure, ancora, le ore sono le stesse. I minuti gli stessi. E i secondi. Tutti della stessa lunghezza per me come lo sono per gli umani. Ma la mia vita è diversa; è una cosa completamente differente da un'esistenza umana.

In fondo alle scale, mi fermo e mi osservo, sorpresa di vedere che ho ancora un corpo umano, di notare che le mie gambe si muovono come fossero normali, di scoprire che sono ancora capace di mettere un piede davanti all'altro. Al piano di sopra, Ben è rimasto al Posto. Posso percepirlo di nuovo; posso avvertire tutto di lui. Mentre prima non ero in grado di sentire nemmeno il suo discorso, ora posso udire il suo cuore che batte forte, i suoi pollici che sfrecciano sullo schermo del telefono, inviando un messaggio. Tra una battitura e l'altra, mi sembra di riuscire a cogliere anche frammenti dei suoi pensieri. Il mio nome e quello di Maria – sta scrivendo a lei – e parole a caso, aiuto, ospedale, malattia e denti; e anche il latte – il latte uscito dalle mie mani è sulle sue, adesso, e lui l'ha annusato e ne ha riconosciuto l'odore. Sento il suo corpo tremare. È lo shock, forse. Lo sento tremare e cercare di controllare il tremore, inspirare a fondo, sedersi su una sedia. Sembra spaventato – da me, forse, o dalla situazione; in ogni caso, mi accorgo che una parte di me si diverte e questa consapevolezza, a sua volta, mi spaventa.

Entro nel mio studio. È buio. La mia stanza è in ordine – come l'ho lasciata prima di salire al Posto. Yaga nella sua strana forma umana sulla tela appoggiata al muro, la vera Yaga-fantoccio accanto al dipinto, sempre appesa al filo per il bucato che ho realizzato, una piccola pozza sul tavolo sotto di lei dove l'acqua della nostra doccia le è scivolata dai capelli. Anche Joseph Beuys e il suo coyote sono ancora sul muro; avevo dimenticato di aver affisso queste foto: il coyote che strappa la coperta di Beuys in una, e poi mentre è placido e guarda fuori dalla finestra nell'altra.

Sono qui solo da pochi minuti quando percepisco Ben fuori dalla porta del mio studio. Bussa e poi dice il mio nome, il mio nome che non pare più adatto a me.

«Lyd» chiama, e poi aggiunge alcune altre parole che non afferro bene. E dopo: «Lyd, mi lasci entrare?».

Mi siedo per terra contro la porta, attraverso la quale posso sentire il sistema circolatorio di Ben. Le sue vene, come viti, si diramano magnificamente dal suo cuore. L'odore del suo sangue è delizioso, familiare e salutare come immagino profumi il pane appena sfornato per gli umani. Mi aggrappo alla porta con le mani, come se potessi ricavarne una sorta di sostegno. Potrei aprirla in un attimo. So con quanta facilità potrei tirare Ben da questa parte. Da questo lato della porta ci saremmo solo io e lui, mentre dall'altro arriveranno presto delle persone, artisti che inizieranno a lavorare per la giornata, e forse anche medici, se lui ha chiamato qualcuno e gli ha detto che ho bisogno di essere visitata. Ma qui saremmo solo noi. Solo noi, al buio.

Anche nella mia mente, però, non riesco a immaginare nessuno scenario oltre quel punto, oltre il momento in cui trascino Ben nel mio studio, lo vedo di fronte a me – il suo corpo è molto più debole del mio, anche quando ho raggiunto il fondo della mia debolezza. Non so cosa voglio fare con lui. Vederlo puramente come cibo è impossibile. Ma, allo stesso tempo, mi sento come se non lo conoscessi abbastanza bene da passare il resto dell'eternità con lui; se lo trasformassi, verrei unita a lui per sempre e una parte di me – penso quella umana – in questo momento, è arrabbiata con lui, per aver lasciato che accadesse qualcosa tra noi quando sapeva che non sarebbe mai successo nient'altro, per aver ritirato la sua mano dalla mia stretta. E poi c'è l'altra opzione, ma la merita? Semplicemente la morte? Diventare solo forma di sostentamento per il mio corpo?

Prendo il telefono dalla tasca e comincio a digitare un messaggio, lottando per tenere su la testa, le dita che si muovono con lentezza.

“Sto bene” scrivo. “Ho solo bisogno di stare da sola.” Premo Invio e mi arriva subito un messaggio.

“Sono preoccupato, però.”

“Sto bene” scrivo di nuovo. E poi aggiungo: “Per favore, non chiamare nessuno”.

“Mi fai entrare, almeno?”

E io ci penso ancora una volta. Premo il mio corpo contro la porta. Il suo battito pulsa, le valvole del suo cuore si aprono e si chiudono. Lo sento deglutire quasi venissi colpita dalle vibrazioni del suono e potessi percepirle fisicamente nello stomaco. Metto la mano sulla maniglia, ma poi la tolgo di nuovo. “Magari più tardi?” scrivo. “Voglio solo dormire.”

“Va bene” replica Ben dopo un po’, la sua presenza che si allontana, per poi estinguersi su per le scale. Sento il rumore della porta del suo studio che si chiude, due piani più in alto. Poi ripongo il telefono e faccio un respiro profondo.

Rimango seduta vicino alla porta per un po’. Guardo le mie vene e mi chiedo cosa sia rimasto delle due parti di me, adesso che non c’è quasi più sangue nel mio sistema e le vene sono state lavate via dal latte. Ripenso ai sogni che ho fatto la scorsa notte mentre il latte si diffondeva nel mio corpo: le due strane anguille che sembravano dipendere l’una dall’altra per la sopravvivenza; e poi, il sogno di mia madre. Intanto che passavo così tanto tempo della mia vita fissandomi su mio padre, pensando a lui come al rappresentante della parte viva di me, ho dimenticato che mia madre è colei che davvero è viva, non importa come si comporti e cosa dica – e che mio padre è colui che in realtà è morto.

Penso di sapere da tempo che nessuna parte di me può essere separata dall'altra, e che questo vale anche per mia madre; che non posso punire il demone, facendogli mangiare soltanto sangue di maiale, senza punire anche l'umano. Non posso ascoltare solo una parte ed escludere l'altra. Non posso costringere una parte a rimanere dormiente mentre conduco una vita in cui fingo di essere solo l'altra parte. Non posso morire di fame in nessuna delle mie due vite. Davvero, non posso nemmeno parlare di "parti". Sono due cose che sono diventate una sola, che non è né demonica né umana.

Mi guardo le braccia. La loro fisionomia. Le ossa con cui sono nata. La forma dei miei polsi. Mani che probabilmente nei prossimi secoli continueranno a dipingere, ma che forse faranno anche altro. Cosa toccheranno? Umani, magari altri vampiri, magari altri esseri che sono tutt'altro – cose che ancora non conosco; se fosse possibile, i miei stessi figli, forse; cime montuose e aria rarefatta di montagna; sabbia e mare; spazio oscuro e vuoto; le superfici di altri pianeti, e la regolite sparsa nei loro crateri; polvere di meteoriti; il fuoco del sole. Ci sarà qualcun altro con me, mi chiedo, quando farò tutte queste cose? Ci sarà forse un'altra mano nella mia? Quella di mia madre? Di una figlia? Di un figlio? Avrò una compagnia che avrò creato per me stessa, in quanto madre naturale o vampira madre, o come entrambi? Dovrei vivere da sola per un po', prima? O dovrei crearmi qualcuno adesso?

Mi trascino verso il tavolo su cui ci sono le mie cose e mi alzo in piedi. Mi siedo sulla sedia più vicina e poi spremo alcuni colori dai tubetti di vernice sul piatto che ho usato come tavolozza. Faccio tutto senza pensarci davvero. Tolgo Yaga dallo stendibiancheria. La tengo contro il mio corpo, senza metterci dentro la mano. La stringo così com'è, buia e vuota dentro, strana e inanimata come l'ho trovata, e poi inizio a dipingere sulla Yaga umana che ho realizzato ieri sera. Uso gli stessi colori ma la trasformo in qualcosa che sembri più accurato, non soltanto rispetto all'aspetto del burattino Yaga ma anche a come mi sento io. Conservo parte della pelle e dei capelli umani, ma aggiungo lo sfondo scuro sul corpo affinché il confine tra la figura e la notte alle sue spalle non sia chiaro. Una luna splende dal profondo dei capelli di Yaga e si riflette nei suoi occhi.

Non finisco il dipinto, ma faccio buoni progressi. Presto, però, mi diventa impossibile continuare. La mia fame è così intensa, e mi sento così pesante, così stordita e vuota, che devo reggermi con le braccia per restare in equilibrio sulla sedia. E poi cado, con un tonfo, la testa che mi pulsa.

Rimango a terra per un po', emergendo a tratti da uno stato d'incoscienza. Ben mi scrive di nuovo e riesco a leggere il suo messaggio, ma non rispondo. Mi chiede come sto e dice che più tardi scenderà con del cibo per me. Mi fa venir voglia di ridere. E poi diverse voci, come in un coro, parlano allo stesso tempo nella mia mente. Tutte loro, all'unisono, mi ordinano di mangiare. Sul pavimento accanto a me, la bocca del burattino Yaga si apre e lei dice, con una voce che non suona né umana né animale, "Nutrimi, Lydia". Poi il mio corpo si alza, sollevato dalla fame, e io esco, con le chiavi e il telefono in tasca.

È già buio, fuori. Si sta facendo anche più freddo. La gente porta sciarpe intorno al collo. Dietro le finestre, ci sono persone che condividono cibo e bevono cioccolata calda e caffè, o tengono in mano bicchieri di vino e parlano animatamente. Altre sono fuori a correre. Alcuni hanno cani da passeggio. Cammino lungo il fiume per un po', piegata in due dal dolore e senza fiato, guardando oltre il bordo della ringhiera, giù verso l'acqua, attenta alla sabbia, e agli animali, morti o morenti, forse anche vivi, da mangiare.

Ovunque intorno a me sento l'odore del sangue delle persone; nei loro organismi, nella misura in cui mi pare di conoscere, intimamente, la disposizione interna di ciascuno dei loro corpi, la distanza tra tutte le diverse valvole nei loro cuori e nei polmoni e la dimensione dei loro muscoli. Quando passo davanti a un paio di uomini che sembrano avere fretta, intenti a stringere bevande calde in tazze d'asporto e a lottare con i coperchi incastrati male, avverto un piccolo nodulo in una delle gambe degli uomini, a metà coscia - un coagulo di sangue - e penso per un attimo di dirglielo, ma non lo faccio. Continuo a camminare. Sta iniziando a piovere. Vado avanti e indietro tra la folla, barcollando mentre mi muovo, e attraverso il fiume. Di tutte le persone che mi sfrecciano accanto, alcune mi guardano e mi evitano; tutte corrono a ripararsi. Hanno gli ombrelli aperti, i cappucci alzati o si tuffano nei pub, le mani sui bicchieri da una pinta; per un momento, ciascuno di loro esiste nel mio mondo, e poi scompare rapidamente, la pioggia che si chiude dietro di loro come una tela, un sipario.

Resto alla luce e osservo oltre i vetri dei ristoranti e dei pub. Salgo le scale di un teatro e vedo persone all'interno, in piedi in piccoli gruppi su un tappeto rosso mentre parlano. Ci sono tavoli alti con in cima ciotole di cibo: noci, patatine, salse e olive. Continuo a camminare, oltre un locale italiano in cui la gente mangia pasta ai frutti di mare; in un altro ristorante, due persone hanno un enorme piatto di ostriche tra loro; un uomo e una donna parlano animatamente di qualcosa che hanno sul tavolo – uno spesso rotolo di carta con sopra del testo e degli appunti scritti a penna – mentre condividono il cibo in un ristorante peruviano. «Hai provato le capesante?» chiede qualcuno. «Hai avuto il tempo di guardare il menu?» domanda un'altra persona. Due donne, tutte in nero, con le custodie dei loro strumenti, stanno bevendo una bottiglia di vino. Un cameriere arriva con un piatto di sushi.

Mi siedo per un momento fuori da una rosticceria turca, ho le vertigini, il respiro affannato, un intenso dolore allo stomaco come se si fosse annodato. La sedia è bagnata, ma non mi disturba più di tanto. Un ragazzo dà una gomitata al suo amico mentre passano.

«Ehi» mi dice. «Stai bene?»

Ha in mano una lattina di birra e sorride, compiaciuto. Non rispondo. Non ci riesco. Annuisco. Il ragazzo guarda il suo amico e li vedo scambiarsi un'occhiata, anche se non capisco cosa significhi.

«Hai bisogno di aiuto per tornare a casa?» chiede il ragazzo. Molto probabilmente sembro ubriaca. Faccio scorrere il dito nella pozza d'acqua sul tavolo. Scuoto la testa, e poi i ragazzi se ne vanno, mentre quello che ha parlato borbotta sottovoce: «Okay, okay». Quando sono ormai a pochi passi di distanza, comincio a seguirli, i loro cuori che battono come piccoli tamburi davanti a me. Ma poi mi giro e vado in un'altra direzione, seguendo un altro istinto.

Attraverso di nuovo il fiume e svolto in una buia strada laterale. L'oscurità è confortante. Sembra qualcosa da indossare piuttosto che qualcosa che è nell'atmosfera e che non è collegata a me. Mi pende sulle spalle come un mantello e mi fa sentire in pace in un modo che non riesco a provare quando sono alla luce. Cammino per un po', svoltando più volte finché il rumore delle persone si affievolisce, e non sono del tutto sicura di dove stia andando. All'inizio, ho l'impressione di aver preso per Camberwell, verso casa di Anju, ma mi diventa ben presto chiaro che non è così. Qualcosa mi fa comunque proseguire per strade che non riconosco. Smette di piovere. Tutto ciò che mi resta è il suono dei miei passi. Alla fine, il numero di edifici inizia a diminuire. Mi accorgo che sto camminando su una strada con magazzini su entrambi i lati; è familiare, ed eccezionalmente silenziosa. Continuo a camminare. Sento l'acqua gocciolare. Posso udire il mio respiro. E poi mi fermo e mi trovo di fronte alla Lontra. All'interno, le luci dell'edificio vengono spente, una per una. Quindi una figura appare nella cornice della porta d'ingresso. All'inizio penso che sia Heather, ma la forma è tutta sbagliata. È Gideon. Ignaro che io sono dietro di lui, comincia a chiudere tutto. Armeggia con le serrature per un po'. Sta usando la luce del telefono per vedere dove infilare le chiavi. Resto ferma per un attimo, al buio, e l'osservo.

Alla luce della luna che è sopra di noi, noto che Gideon

è un uomo come tanti. Non c'è niente di mostruoso nel suo aspetto, niente che suggerisca che possa scomparire nell'ombra, niente nel suo corpo che dica che è potente. Non sono più sicura di cosa sono io, però: se un mostro o solo una donna, o entrambi. Rimango a guardare Gideon in silenzio per pochi istanti, il mio respiro calmo, i miei sensi stabilizzati, mentre annuso il suo debole profumo attraverso l'odore umido delle pozzanghere tra di noi. È strano, ma sono molto rilassata. Per la prima volta da quando sono arrivata a Londra, mi sento esattamente dove dovrei essere. Le gambe mi hanno portato da Gideon; me lo ha consegnato la città che tante volte mi ha delusa. Una sensibilità che non sapevo di possedere rileva qualcosa in lui che lo fa risplendere come se fosse un pezzo di radio. Nell'aria, l'odore di qualcosa di dolce. Una voce nella mia testa mi dice che è la sua immoralità, e profuma di torta. Esco dall'ombra. Quando Gideon si gira e mi vede, sobbalza.

«Oh!» esclama. Sembra sollevato di vedere che sono solo io. Mi si avvicina, io resto ferma. «Lydia?» mi chiama. Guarda l'orologio. Sta sorridendo. Suppongo che non abbia notato niente di strano in me: che sono completamente fradicia, che il mio colorito magari è insolito, che ho di certo addosso l'odore del latte, adesso appena inacidito, che la mia bocca è aperta e mostra i denti. «Sei un po' in ritardo!» commenta, e ride.

Vorrei rispondere qualcosa, ma non sono in grado di farmi venire in mente niente, e comunque non riesco a parlare. Quindi invece gli sorrido e lui ricambia. Poi alza la mano e la posa sul mio braccio, la stessa mano che mi ha toccato sulle scale. Non appena lo fa, mi sembra di percepire Gideon in una nuova dimensione. Sento la presenza non soltanto della sua persona, ma pure della sua vita che è esistita per molti decenni prima di questo momento, e che potrebbe durare ancora per qualche altro dopo. È strano; la sua esistenza mi si presenta come se fosse una cosa morbida ma solida al tempo stesso, soffice e facile per me da tagliare come burro. Il limite della mia vita mi è sempre parso così lontano nel futuro, così impossibile da raggiungere rispetto a dove mi trovo ora, ma vedo con molta chiarezza il limite della sua. È in me, nei miei denti, nel mio corpo che potrebbe prosciugarlo completamente di ciò che lo fa andare avanti. Il suo collo è vicino a me, me l'ha portato lui stesso; mi ha dato la sua vita.

È proprio lì, a pochi centimetri dalla mia faccia.

Studio il suo collo dall'aspetto morbido, l'arteria che pompa appena sotto la pelle.

«Stai bene?» mi chiede. E poi mi muovo in fretta. Mordo, e lui si divincola per un momento, ma gli immobilizzo le braccia come se fosse un uccello e mi sollevo sulle punte delle sue scarpe quasi fossi una bambina che balla sui piedi di suo padre. E bevo, e mentre lo faccio vedo e sento delle cose: la sua vita, la sua nascita, e poi gli anni a scuola, seduto in silenzio in fondo a una stanza di ragazzi infilati dietro i banchi; mentre studia; addolorato per sua madre, poi per suo padre; mentre diventa padre lui stesso – una dolce ragazzina con guance paffute e capelli scuri; e poi, più tardi, le donne – donne che guarda come se stesse per consumarle; lui che porta una giovane da qualche parte nell'ombra di un immenso giardino, la fa adagiare sull'erba sotto un albero e ne scruta avidamente il corpo dall'alto, le blocca le braccia lungo i fianchi, spingendola di nuovo nell'erba. E poi, molto più tardi, nella galleria, mentre osserva Shakti, la guarda camminare per i corridoi; parla con lei, scorrendo alcune sue opere d'arte sul suo telefono; poi nell'oscurità mentre afferra il suo braccio, e poi il suo seno, le guarda il collo, come se potesse morderla; fa aderire le labbra alle sue e, mentre lei cerca di allontanarsi, vi si avventa di nuovo, premendo ancora più forte. E poi, un paio di mesi dopo, lo vedo mentre vede me. Sono fuori dalla Lontra, e lui mi sta fissando da una finestra e mi parla al telefono, rimproverandomi perché mi definisco una ragazza e non una donna. Poi sono sulle scale. Sto scendendo. La scatola delle grucce mi copre la faccia. Tutto quello che lui vede sono le mie gambe, i piedi che procedono con cautela, tastando l'orlo di ogni gradino. Sembro così minuta. E poi, proprio mentre lo raggiungo, è come se i suoi ricordi diventassero i miei e la sua mano diventasse la mia mano, e io mi protendo in avanti, cercando di prendere ciò che non è mio – o ciò che ora è, suppongo, mio. Mi allungo in avanti e sento la mia schiena, la sento reagire al mio tocco, e poi muovo la mano sul sedere e l'afferro come se stessi strappando una mela da un albero, e mi guardo mentre scendo per il resto delle scale. Non finisce così: subito dopo, sono all'inaugurazione e guardo di nuovo me stessa, mi vedo spogliarmi, scorgendo un lato del mio seno mentre sostituisco la mia maglietta della galleria con la camicia; poi mi vedo raccogliere la maglietta dopo che me ne sono andata e annusarla, inalare il mio profumo, abbassare la mano e toccarmi; e poi sono qui, che chiudo tutto, e mi vedo avvicinarmi, e sono eccitata alla prospettiva di essere in questo spazio buio e silenzioso, di notte, solo con me. E poi, proprio alla fine di tutto, provo paura, paura intensa – la paura che Gideon ha di me, di trovarsi di fronte a un mostro – e lo lascio cadere, il suo corpo che ho svuotato e posseduto e portato via da lui nella sua interezza.

Sta di nuovo piovendo con forza. Tutto è avvolto nell'oscurità della notte. Ritrovo la strada per il fiume. C'è vita ovunque, e la vedo che si espande dai corpi della gente, per decenni e decenni dietro di loro, o magari solo un decennio, o qualche anno, o qualche settimana.

Forse è perché ho appena messo fine a una vita – perché ne ho consumata una – ma adesso la percepisco come qualcosa di solido, un tipo di materiale, come se fosse una stoffa, intessuta con qualcosa di simile alla seta finissima. Un bambino mi guarda mentre passa con suo padre e vedo i quattro anni che si trascinano dietro di lui e una moltitudine di altri anni che serpeggiano in lontananza davanti a sé; in mezzo, c'è il suo corpo – morbido e dolce, occhi grandi, cappuccio dell'impermeabile alzato, guance rosse – la parte vulnerabile della sua vita che potrei raccogliere e svuotare, per arrivare al resto. Rimango nelle ombre più scure, vicino ai palazzi, sotto gli alberi. Assaporo il passato di Gideon e ciò che ho preso dal suo futuro. I ricordi mi riempiono la mente, come se fossero i miei, non solo degli eventi della vita di Gideon, ma di vari sapori e consistenze: latte materno che scorre con facilità nello stomaco, pollo cucinato con burro e prezzemolo, piselli sfatti e fagioli e fagiolini, arance e pesche, fragole appena colte dalla pianta; caffè caldi e forti ogni mattina; pasta e noci e pane e brie; poi qualcosa di dolce: una panna cotta, con rosa e zafferano, e un vino bianco: tannino, terra, drupacee, fiori bianchi; e – oh mio Dio – ramen, *soba*, *udon*, conditi con *nori* e semi di sesamo, miso con tofu e cipollotti, *fugu* e sashimi di tonno intinti in salsa di soia, *onigiri* con una prugna agrodolce farcita nel mezzo; e poi qualcosa che non so cosa sia, qualcosa di sconosciuto ma allo stesso tempo profondamente familiare, qualcosa che non sapevo di desiderare: agnello macinato croccante, noodles spessi e spezzati, olio al peperoncino, riso profumato cotto nel latte di cocco, tamarindo... e poi un dessert verde brillante: il sapore dolce e floreale del pandano mi riempie la bocca. Corro. Mi sento bene. Schiudo le labbra e la pioggia mi bagna la lingua. Ciclisti e corridori si allontanano per scansarmi.

Tornando alla fabbrica, percorro strade secondarie, cercando altre persone. Voglio mangiare di più. Sono ancora affamata. Voglio provare altri gusti. Trovo un tizio sul retro di un'edicola, una sigaretta accesa tra le labbra, e lui non fa nemmeno in tempo a dire niente, ma mi squadra dall'alto in basso e comincia a camminare verso di me, sorridendo. Quando gli mordo il collo, la sigaretta rimane per un attimo tra le sue labbra e io inspiro e sento il fumo e la cenere attraverso il sangue. Sgranocchio la pelle, i muscoli e le ossa, assaggiando patatine fritte, bistecche, prosciutto e uova alla coque con fettine di pane tostato intinte nel tuorlo, e raggiungo uno strano nodo di carne che tiro con i denti. È la sua lingua e pende dalla mia bocca mentre lascio cadere il corpo dell'uomo per terra. La lingua si posa dolcemente sul suo petto e poi dico al corpo *grazie*. Per poco non tiro fuori tutta la preghiera che io e mia madre eravamo solite recitare per i maiali. Non lo faccio, però; invece, ascolto la mia voce che risuona nel silenzio, ed è bellissimo.

Quando arrivo, la fabbrica è immersa nella quiete. L'acqua mi cola dai vestiti e dai capelli in rivoletti. Vado al mio studio senza fare rumore, apro la porta e la richiudo alle mie spalle.

Nel buio, osservo la stanza. I pezzi della nuova vita che avevo iniziato a costruire sono qua e là. La pianta di Ben appesa al gancio, il burattino Yaga, il mio quadro, i libri che ho comprato sotto il ponte, quelli che ho rubato, i vestiti appesi alle pareti, il mio letto nell'angolo. Comincio a infilare cose nella mia borsa. Solo alcune. La maggior parte me la lascio alle spalle: il libro di Beuys, quello sulle verdure che non ho mai letto, quello sull'etica. Apro il volume di Sher-Gil e tiro fuori la foto ritagliata di *Tre ragazze* che avevo infilato di nuovo tra le pagine, prima, e guardo i volti delle giovani. Tre bei visi che mi sembra di conoscere; magari andrò a cercarle, penso; forse mi stanno aspettando. Metto la foto e il libro nella mia borsa, poi prendo il burattino Yaga.

Per la prima volta, mi sento come se la possedessi davvero, ed è perché nei ricordi di Gideon c'è l'esperienza dell'acquisto di opere d'arte. Tra cestini Washoe, disegni a china giapponesi e *arpilleras* cilene, c'è il burattino Yaga, comprato da una casa d'aste in Russia; e tra le opere di Emin e dei fratelli Chapman e Goya ci sono i dipinti di mio padre: le spesse pennellate sulla seta, i segni neri spigolosi, le forme frastagliate, ora mie.

«Ehi, Yaga» dico. Tutto in lei sembra più pronunciato: l'oscurità del suo viso di legno, il nero dei suoi vestiti e dei suoi occhi. «Ho mangiato» l'informo. L'infilo nello zaino, poi parto per andare a prendere mia madre e per andare altrove, oltre, da qualche parte.

Mentre esco dallo studio, Ben appare ai piedi delle scale. Ha in mano una busta e sembra piena di cibo, e una confezione take-away di zuppa; posa con cura la minestra sul pavimento, poi cerca qualcosa nelle tasche.

Guardandolo ora, mi sembra di vederlo per la prima volta; dietro di lui, la parte della sua vita che ha già vissuto oscilla su e giù, riempiendo la tromba delle scale; davanti a sé, il suo futuro si allunga, voltandosi dal punto in cui è e protendendosi verso di me. Vi vedo accenni di dolore e anche altre cose: la sua sorellina, suo padre, la casa in cui è cresciuto e la sua camera da letto che è ancora decorata come quando era bambino, con pareti blu e una cornicetta di treni in alto – ma vedo anche una fine definitiva. Mentre ho visto la vita degli altri estendersi per decenni e decenni davanti a loro, quella di Ben si interrompe bruscamente tra appena un paio d'anni. Ciò che gli è di fronte è l'equivalente della vita di un bambino.

Mi avvicino, chiudendo silenziosamente la porta del mio studio alle mie spalle e rimanendo nell'ombra proiettata dalle scale. Potrei dirgli del poco tempo che gli resta, penso, e forse il corso della sua vita cambierebbe e lui vivrebbe per qualche altro decennio. Oppure potrei trasformarlo; potrei allungare la sua minuscola vita fino all'oblio, distorcendola nel processo, rendendola strana e innaturale come la mia. Non riesco a decidere cosa fare. Rimango immobile. Adesso ha il telefono in mano e sta scrivendo. Poi il telefono vibra nella mia tasca e lui si gira, strizzando gli occhi nella mia direzione.

«Lyd?» chiama. Vedo com'è bella la sua piccola vita; brilla in questa luce, perfettamente formata, anche se corta. È irresistibile. Esco dall'ombra e, subito, l'espressione di Ben cambia: sembra scioccato e spaventato. Devo apparire folle e mostruosa, piena delle vite di altre persone. Mi asciugo la bocca con il dorso della mano e vedo che è ricoperta di sangue.

«Cosa...» comincia Ben, ma io gli dico di stare zitto e sorrido, poi gli afferro le braccia e le stringo, sollevandolo leggermente dal pavimento; e mi chino su di lui e gli avvolgo il corpo col mio, il mio mento sulla sua spalla, il mio collo contro il suo collo, sentendo il battito del suo cuore come se fosse il mio. Quando lo libero dalla mia stretta, tiro fuori le chiavi dalla tasca, apro la mano di Ben e le poso sul suo palmo. «Devo andare» gli comunico.

Lui non dice niente. Si limita a guardarmi, la bocca aperta, il sangue della mia bocca spalmato sulla sua pelle. E poi me ne vado. Lascio intatta la vita di Ben – minuscola e bellissima – e la mia vita con lui, alle mie spalle.

Ringraziamenti

Grazie…

A Nina Efimova, per i tuoi burattini – il burattino di Baba Yaga esiste in queste pagine perché, un secolo fa, tu l'hai creata dal legno e da uno strofinaccio vecchio e macchiato.

A Martino Fine Books, per avermi permesso di citare dal libro di Efimova, *Adventures of a Russian Puppet Theatre*.

A Bernice Bing, Amrita Sher-Gil, Mirosław Bałka, Joseph Beuys, La Monte Young, Nam June Paik, Senga Nengudi e Caravaggio – per la vostra arte, che ha contribuito a trasformare Lydia nell'artista che è.

Agli chef e alle persone che celebrano le cucine asiatiche, ovunque. In *Cronache della mia fame*, Lydia ha un'ossessione per il cibo giapponese; solo alla fine riconosce anche il suo desiderio di cibo malese. Volevo che il suo primo assaggio della cucina malese fosse di qualità: il riso profumato, i noodles spezzati e l'agnello macinato croccante che si gode alla fine sono piatti creati da Julie Lin di Julie's Kopitiam a Glasgow. Il dessert pandan è il *pandan kaya* di Madame Chang.

A tutti coloro che hanno condiviso ricette con me e hanno cucinato per me.

Alla mia famiglia, che mi ha offerto supporto e incoraggiamento infiniti: i miei Jiji e Baba, Tomoji, Eriko, Ayano, Reiko e Albert.

Agli amici: Yasuko, Charles, Erika e Amy, Misa e Grim, Ai, Shin, Megumi e Noriko, Rory, Liz, Yunhan, Su, Hugh, Becka, James, Chris, Kat, Vinny, Marion; Charlotte, per la nostra amicizia come Hovis; Misha, per avermi sempre fatto entrare nella tua vita e nella tua arte, per aver sempre ascoltato, per Glebe; Jess, il mio boccale, per la nostra amicizia nata tra pasta e pietra; e ad altri di cui non ho elencato i nomi – per il vostro amore e appoggio, per avermi insegnato così tanto.

Dal profondo, a Ruth, per tutto. E anche al tuo amico e a Oliver.

Ad Annabel, che vent'anni fa è diventata la mia migliore amica di arrampicata sugli alberi e di costruzione di arco e frecce; e da allora, per tutto quello che hai fatto per questo libro e oltre, e per avermi aiutato a uccidere Venere.

Ad Aisha, la mia anima rana, per la tua amicizia in tutto ciò che riguarda la scrittura e la vita.

A Karen: ti sei presa cura dei miei sogni, li hai nutriti e incoraggiati. Grazie infinite.

A Deborah, per la tua generosità e gentilezza, e per l'incoraggiamento per questo libro, ma anche per tutto il resto. E per i consigli e la lettura delle prime bozze: Tom, Annabel, Liz, Polly, Aisha, Kalliopi, Rebecca e Mark.

A tutti alla Virago: Kim, Zoe, Ailah; e a Sarah, la mia editor, per la tua saggezza, la gentilezza, l'impegno e le tue intuizioni. Sei stata un dono prezioso per questo libro; sei un angelo-editor inviato dal paradiso degli editor. A tutti in HarperVia: Alexa, Alicia, Stephen; e a Tara, la madrina di Lydia, se mai ne ha avuta una, per i tuoi preziosi consigli e il tuo supporto. Grazie anche a Bianca Rita Cataldi per la traduzione italiana, a Ilaria Marzi e a tutto il team HarperCollins Italia per il caloroso benvenuto che hanno dato a Lydia. Al mio agente Sam, per aver spezzato la mia maledizione delle quattro sterline e per sapere sempre ciò che è meglio per me; e a tutti gli altri in RCW, e a Michelle in CAA, per il vostro continuo supporto.

A Mosling, il mio piccolo alce, per aver trascorso del tempo nella mia vita, essere stato al mio fianco ed esserti lasciato dietro una fortuna; agli orsi, ognuno di voi.

A mamma e papà, i miei migliori amici, per avermi dato la vita e averla riempita di arte, cibo, musica, amore e risate: "Mi avete dato tutto ciò di cui avevo bisogno".

E soprattutto a Tom, per aver arricchito e illuminato

ogni cosa nella mia vita, per aver ascoltato ogni parola, ogni frase, per aver contribuito a guidare la vita di Lydia (e la mia), per la tua compagnia, la fiducia, la fede e il sostegno, e le tue mani esemplari. Sei il miglior essere umano che conosca.

Questo volume è stato stampato nel luglio 2023
presso Rotolito S.p.A. - Milano